Gisela Haupt
Matthias Müller-Michaelis

So lernen Kinder mit Geld umzugehen

- Antwort auf alle Fragen zum Taschengeld
- So lernen Kinder vernünftiges Konsumverhalten
- Wie der Vermögensaufbau von Anfang an gelingt

südwest

INHALT

Nix los ohne Moos!

Macht doch Spaß!

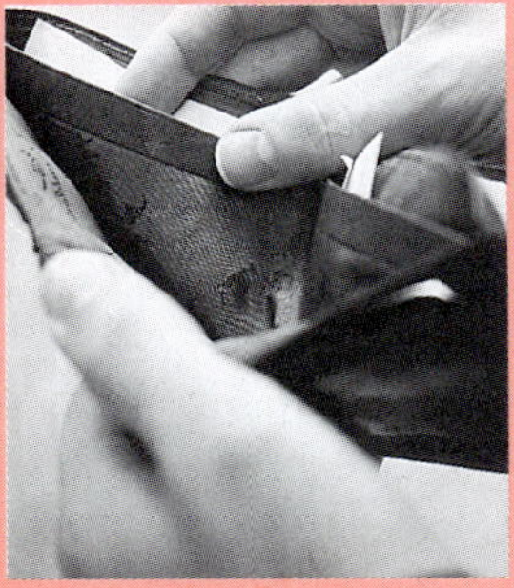

Haste mal 'ne Mark?

Und dann ein Auto!

Wer zahlt?

Jeder fängt klein an!

VORWORT

Wer behauptet, Geld sei nicht wichtig, macht sich etwas vor. Und er vermittelt auch seinen Kindern ein schiefes Bild davon, wie es im Leben zugeht. Geld gibt Menschen nämlich existenzielle Sicherheit, beispielsweise auf der Basis einer guten Ausbildung in der Kindheit und Jugend. Und Geld schenkt uns Freiheit, z. B. indem es uns die Ausübung verschiedener Hobbys erlaubt, eine abwechslungsreiche Freizeitgestaltung ermöglicht oder auch Urlaubsreisen.

Auch unsere Kinder brauchen Geld. Und zwar nicht nur das, was ihnen die Eltern indirekt zur Verfügung stellen, indem sie es für die Kinder ausgeben, sondern sie brauchen eigenes Geld zu ihrer freien Verfügung. Das heißt aber nicht, dass emotionale Werte wie Geborgenheit, Liebe, Vertrauen und vor allem das Luxusgut Zeit durch Geld ersetzt werden könnten.

Wenn Eltern heute über Geld für ihre Kinder nachdenken, dann spielen dabei meist die eigenen Erfahrungen eine große Rolle – und wie wir in unserer Kindheit geprägt wurden, also meist durch unsere Eltern und Großeltern. Die aber haben und hatten oft ein ganz anderes Verhältnis zum Geld als wir, die heutige Elterngeneration.

Fragt man die Großeltern oder Urgroßeltern der heutigen Generation von Kindern und Jugendlichen, so hatten die in ihrer Kindheit oft gar kein Geld im eigenen Portemonnaie. Es sind die Kriegs- und Nachkriegsgenerationen, deren Eltern oft gerade am Existenzminimum lebten und froh waren, alle Familienmitglieder satt zu bekommen. Zugleich aber machten sich Eltern der Unter- und Mittelschicht damals auch noch kaum Gedanken über Erziehungsfragen und welche Rolle das Geld dabei spielen könnte. Die Vor- und Nachteile verschiedener Erziehungsstile von autoritär bis Laisser-faire wurden erst seit Anfang der siebziger Jahre des 20. Jahrhunderts diskutiert. Mit steigendem Wirtschaftswachstum bekamen Kinder eigenes monatliches Geld von den Eltern. Und sie begannen auch, nicht wie früher, als sie zum Sparen angehalten wurden oder nur geringfügige Beträge für Süßigkeiten ausgaben, sich am Konsum richtig zu beteiligen. Damit war das Thema Geld auf einmal ein Diskussionspunkt in der Familie, und die Eltern begannen, sich Gedanken über die erzieherische Bedeutung oder Wirkung von Taschengeld zu machen.

Der Umgang mit Geld ist eine Lernaufgabe

Heute wissen wir: Mit Geld umzugehen, muss von Kindern genauso erlernt werden wie das Essen mit Messer und Gabel oder das Prozentrechnen. Nach dem Motto »Was Hänschen nicht lernt, lernt Hans nimmermehr« ist es deshalb fatal, wenn Kinder erst als junge Erwachsene sich ihr Geld selbst einteilen müssen. Wenn das dann nicht oder nur schlecht funktioniert, sind meist schwer wiegende Konsequenzen die Folge. Hat aber ein Kind sein ganzes Taschengeld bereits am zweiten Tag des Monats ausgegeben, können Eltern noch diplomatisch eingreifen und beim richtigen Umgang mit Geld helfen. Schließlich ist das Kind noch in der Lernphase und muss außer kleinen Vergnügungen wie Kino, Süßigkeiten und Zeitschriften meistens nichts wirklich Wichtiges vom Taschengeld bezahlen.

Das Erste, was Kinder über Geld wissen: Man bekommt damit das, was man will.

Wird aber später das Ausbildungsgehalt schon in der ersten Monatswoche verbraten, und für das Kantinenessen, die Handyrechnung oder die Mofaversicherung bleibt nichts mehr übrig, muss das Girokonto überzogen werden. Und damit wird oft schon in der Jugend der Grundstein für eine Karriere als

ewiger Schuldner gelegt. Eine traurige Karriere, der nur die Eltern durch eine realitätsnahe Erziehung zum Umgang mit Geld entgegenwirken können.
Dass diese Erziehung zum Teil gegen die scheinbare Übermacht der Produktangebote geschehen muss, stellt die Eltern mitunter vor fast unlösbare Aufgaben. Entsprechend der »kindlichen Kapitalisten« hat sich nämlich eine regelrechte Kinder- und Jugendkultur entwickelt in Form von speziellen Artikeln in Warenhäusern, Katalogen und in der Werbung.

Anregungen gibt es viele – Patentlösungen selten

Entstanden ist dieses Buch auch und vor allem, weil sich viele unserer Millionen Leser immer wieder mit Fragen an uns wenden, die sich um das Geld für die Kinder drehen. Wie viel soll man geben? Wie sich verhalten, wenn es nicht reicht? Welche Ansprüche gibt es wann auf Unterhalt? Welche Sparformen sind sinnvoll, um den Kindern ein kleines Finanzpolster aufzubauen? Wie lassen sich staatliche Hilfen zum Vorteil nutzen? Fragen, mit denen wir uns als Wirtschafts- und Steuerexperten naturgemäß häufiger auseinander setzen als andere Eltern. Fragen auch, zu denen wir als Eltern von vier Kindern sicherlich manche Anregungen geben können. Sie können jedoch keine Patentlösungen für jeden nur erdenklichen Fall sein.
Wir haben deshalb versucht, Denkanstöße und mögliche Wege zur Problemlösung für Sie zusammenzustellen – aus der Praxis für die Praxis. Und wir haben dabei weder die allzu oft rosarote Brille der Psychologen aufgesetzt, noch uns in die Träumereien verklärter Ideologen geflüchtet. Wir haben ein-

Lohn für diese Arbeiten?

Rasen mähen, Garten pflegen

Auto waschen, Büro putzen

Fenster reinigen, Wäsche aufhängen

Staub saugen, Einkaufen gehen

Gartenzaun streichen

Hund Gassi führen, Schuhe putzen

Fahrräder der Familie reparieren

fach nur als Eltern für Eltern geschrieben – und Sie wissen so gut wie wir, dass da nur selten die von anderen gefundenen Methoden absolut übertragbar sind. Aber oft genügt es ja schon, einen Anstoß zu bekommen, um selbst Antworten auf Fragen zu finden.

Geld allein macht nicht glücklich

Eines der häufigsten Themen übrigens, die in der Praxis zur Sprache kommen, beschäftigt sich mit der Situation, dass Omas oder Tanten mit ein paar Scheinchen aushelfen, wenn Kinder oder Jugendliche über ihre Verhältnisse leben. Und gerade dann ist es höchste Zeit für Eltern einzugreifen. Solche Finanzhilfen haben nämlich immer genau die falsche Signalwirkung, denn diese Kinder oder Jugendlichen werden sich auch weiterhin auf andere verlassen, die ihnen finanziell helfen. Und die Beträge werden nicht kleiner.

Entscheidend ist deshalb, dass Eltern und Großeltern dem Kind frühzeitig einen verantwortlichen Umgang mit Geld zeigen und es ihm auch selbst vorleben. Wobei wir nicht vergessen sollten, dass Geld nicht alles ist und Geld allein mit Sicherheit nicht glücklich macht.

Hüten wir uns deshalb davor, unsere Kinder mit zu viel Geld auszustatten – auch wenn wir es uns erlauben könnten. Denn viele Kinder bekommen heute zwar so ziemlich alle materiellen Wünsche erfüllt – aber doch nicht das, was sie wirklich und am nötigsten brauchen. Zeit und Zuwendung, Zärtlichkeit und Verständnis, Liebe und Vertrauen sind nämlich nach wie vor das Wichtigste, das Eltern ihren Kindern schenken können, und die beste Grundausstattung für ein zufriedenes Leben als Erwachsene. Und diese Werte sind mit Geld nicht zu bezahlen und durch kein (Taschen-)Geld der Welt zu ersetzen. Daran sollten wir vor allem denken, wenn wir über Geld sprechen.

Gisela Haupt und Matthias Müller-Michaelis

NUR SCHNÖDER MAMMON?

Mit Taschengeld fürs Leben lernen

So lernen Kids den Umgang mit Geld

Eltern als Vorbilder

Wie viel Taschengeld ist richtig?

Kinder und Geldgeschäfte

Seite 8–33

Für jene, die glauben,
dass »haben« eine höchst
natürliche Kategorie innerhalb der
menschlichen Existenz ist,
mag es überraschend sein,
wenn sie erfahren, dass
es in vielen Sprachen kein Wort
für »haben« gibt.

ERICH FROMM

Mit Taschengeld fürs Leben lernen

Die meisten Eltern versorgen ihre Kinder mit allem, was sie zum Leben brauchen. Wenn Kinder mit Eltern einkaufen gehen, beobachten sie, dass die Ware gegen Vorlage von Plastikkarte, Papierscheinen oder Münzen mitgenommen werden darf. Das sieht alles ganz einfach aus und wird als selbstverständlich hingenommen. Im Alter von fünf bis sechs Jahren erst entwickeln Kinder ein Gefühl für den Wert und Gegenwert von Geld, dann nämlich, wenn sie eigenes Geld ausgeben dürfen, das ihnen von den Eltern wöchentlich in einer festen Höhe gezahlt wird. Sie lernen außerdem, dass Kaufmöglichkeiten und Lebensstil abhängig sind vom Einkommen, und dass dieses nicht beliebig vermehrbar, sondern mit Arbeit verbunden ist. Ohne Arbeit gibt es normalerweise kein Einkommen, und nur eine kleine, privilegierte Minderheit kann von den Erträgen eines Vermögens leben.
Kleinkinder können mit Taschengeld nichts anfangen, weil sie die Dimensionen noch nicht überblicken und Bedürfnisse nicht überlegt regulieren können. Die Fähigkeit, eigene kleine Kaufentscheidungen für sich selbst zu treffen, beginnt so zwischen dem vierten und fünften Lebensjahr, also im Kindergartenalter. Jetzt brauchen Kinder auch den Freiraum, der ihnen das Taschengeld verschafft. Sie können schon selbst entscheiden, wofür sie ihr Taschengeld ausgeben, auch wenn das in den Augen der Eltern oft völlig unsinnige Sachen sind. Ein regelmäßiges Taschengeld sollte in jedem Fall ab der Einschulung des Kindes gezahlt werden.

Taschengeld und Erziehung

Taschengeld ist nicht nur ein finanzieller Faktor, der die Haushaltskasse von Eltern mehr oder weniger belastet. Über eigenes Geld zu verfügen und damit wirtschaften zu lernen, ist für »später« auf alle Fälle wichtiger, als Reiten oder ein Musikinstrument spielen zu können.

Es gibt einige Gründe, weshalb Kinder über Taschengeld verfügen sollten. Abgesehen davon, dass sie Freude an immer mehr Selbstständigkeit und Verantwortlichkeit entwickeln können und sich im Vergleich mit anderen Kindern nicht benachteiligt fühlen, auch wenn die Taschengeldhöhe immer unterschiedlich ist, werden die Themen »Wirtschaften, Haushalten, Planen, Sparen und Ausgeben« mit Eltern und/oder Großeltern diskutiert. Wer das in der Jugend gelernt hat, wird später bei Verhandlungen mit Banken wie ein »Profi« auftreten.

Taschengeld muss dem Kind zur freien Verfügung stehen und darf nicht zweckbestimmt sein, weil Kinder nur dann wirklich selbstständig und eigenverantwortlich handeln können. Das heißt auch, dass sie ihre eigenen positiven und negativen Erfahrungen damit machen und aus ihren Fehlern lernen können – eine wichtige Erkenntnis für das Leben allgemein. Und schließlich haben sie die Freude am eigenen Wirtschaften nur wirklich dann, wenn dies ohne Vorschriften, Kontrolle und Verbote geschieht.

Taschengeld muss absolut regelmäßig und in gleicher Höhe gezahlt werden, damit das Kind verlässlich planen kann, vielleicht sogar mit Hilfe eines Einnahmen-/Ausgabenplanes, und echte Verantwortlichkeit lernt und nicht Unregelmäßigkeit oder Abhängigkeit als Normalfall ansieht.

Richtig verwendetes Taschengeld stärkt die persönlichen Kompetenzen. Mit den folgenden Tipps können Sie die Eigenständigkeit der Kinder in Geldangelegenheiten fördern.

Wofür soll Taschengeld ausgegeben werden?

Die Mittelverwendung des Taschengeldes sollte ganz dem Kind überlassen werden.

Angemessen ist die Ausgabe von Taschengeld zum Beispiel für Süßigkeiten, Zeitschriften, CDs, Bücher, Videos, Handykarte, Spielsachen, Kino, Jahrmarkt, Sport-, Spiel- und Freizeitaktivitäten sowie alle Vergnügungen »nebenbei«, die Eltern nicht bezahlen wollen oder können.

Nicht geeignet ist das Taschengeld für notwendige Ausgaben wie zum Beispiel Fahrgeld zum Sportverein oder Schulsachen. Dann handelt es sich nicht mehr um Geld zur freien Verfügung, und dem Kind wird die Möglichkeit des eigenverantwortlichen Handelns mit Geld genommen.

Auch wenn das Kind ein festes Taschengeld erhält, kann es natürlich finanzielle Engpässe geben. Das merken Eltern spätestens dann, wenn sie immer um Vorschüsse angebettelt werden. Diesem Wunsch sollten Sie nicht ohne weiteres entsprechen. Stellen Sie sich zunächst die Frage, ob die Höhe des Taschengeldes dem Alter des Kindes und der wirtschaftlichen Familiensituation angepasst ist.

Die ersten Arbeitserfahrungen sollten Kinder zu Hause im Rahmen der Familie machen.

Wenn ja, müssen gemeinsam Überlegungen angestellt werden, woran die Geldknappheit liegt, an welcher Stelle etwas eingespart werden kann. Gibt es irgendwelche regelmäßigen Sonderausgaben, die den Taschengeldetat zu sehr belasten, so dass zu wenig Geld zur freien Verfügung bleibt? Können diese Ausgaben vielleicht doch vom Haushaltsgeld bezahlt werden oder von Weihnachts- oder Geburtstagszuwendungen?

Können Sie berechtigte Engpässe aus finanziellen Gründen nicht beheben und das Taschengeld nicht erhöhen, müssen andere Lösungen gesucht werden. Damit das Kind mehr Geld zur freien Verfügung hat, kann es sich ab 13 Jahren etwas hinzuverdienen. Es gibt viele Möglichkeiten, wie Kinder ihr Taschengeld durch leichte, altersentsprechende Tätigkeiten aufbessern können.

Meistens liegt der Grund für Geldprobleme des Kindes in der Schwierigkeit, das Geld richtig und vorausschauend einzutei-

len. Hier können die Eltern Hilfestellung geben durch Anregungen, wie man das Geld besser einteilen und Ausgaben kontrollieren, planen und reduzieren kann. Hilfreich kann es sein, ein Einnahmen-Ausgaben-Konto zur eigenen Kontrolle zu führen. Es kann aber auch sein, dass Ihr Kind die Ausgaben für einen Monat noch nicht überblicken kann. Dann ist es besser, die Zahlungsweise auf wöchentlich umzustellen.
Nicht sinnvoll sind erzwungenes Aufschreiben der Ausgaben mit strenger Kontrolle der Eltern oder Nachbesserungen der Höhe des Taschengeldes.

So lernen Kids den Umgang mit Geld

Das Verhältnis zum Geld ist ein wesentlicher Bestandteil im Zusammenleben der Familie. So bekommt beispielsweise die Berufstätigkeit der Eltern einen Sinn, wenn der Zusammenhang zwischen Geld und Arbeit verdeutlicht wird. Geld und Konsum sind erst nach Leistung möglich. Das spüren Kids am besten, wenn sie einen altersentsprechenden Nebenjob aufnehmen zur Bezahlung von Extrawünschen.
Sollten Sie feststellen, dass sich Ihr Kind in einen Konsumrausch flüchtet, könnte es unter einem Mangel an Liebe, Geborgenheit und Zeit leiden. Geben Sie ihm Zuwendung. Auch lange, langweilige Vorträge, vielleicht sogar Vorwürfe zum Thema Geldeinteilung bringen nichts. Lieber ein paar konkrete Tipps geben. Und sparen lässt es sich auch leichter, wenn sich das Kind dann größere Wünsche erfüllen darf – auch wenn sie für uns Erwachsene vielleicht manchmal nicht nachvollziehbar sind – und evtl. auch noch eine Belohnungsprämie bekommt.

Fehler bei der Taschengeldvergabe

Wenn Kinder zu viel Taschengeld erhalten, Sie also zu großzügig sind, verlieren sie den Überblick und lernen kein vernünftiges Konsumverhalten. Erhalten sie allerdings zu wenig

Taschengeld, bekommt der Wert des Geldes eine ganz falsche Bedeutung.
Sind die Taschengeldzahlungen ohne festen Plan, so dass Kinder ihre Eltern bei Bedarf darum bitten müssen, werden sie in ihrer Selbstständigkeit eingeschränkt und in ihrem Stolz gekränkt. Dies ist auch der Fall, wenn Eltern zu sehr kontrollieren und sich einmischen und das Kind zum Sparen zwingen.
Genauso sollte es auf keinen Fall Taschengeldzahlungen als Prämie für Wohlverhalten und Taschengeldkürzung als Bestrafung beispielsweise für schlechte Schulnoten order irgendwelches Fehlverhalten geben. Auch das berührt die Persönlichkeit des Kindes, und in seinem Kopf entsteht vielleicht die unheilvolle Idee, dass Liebe und Geldzuwendungen etwas miteinander zu tun haben.

Wie regeln es andere Familien?

Wichtig kann es sein, einmal über den Tellerrand hinauszuschauen und sich vor Augen zu halten, wie andere Eltern (ob richtig oder falsch) sich in Fragen des Taschengeldes verhalten. Dafür bieten Jugend- und Verbraucherstudien gute Informationsmöglichkeiten. Diese Studien können uns auch davor bewahren, die eigenen Erfahrungen aus Kindheit und Jugend als gültige Regeln in die Erziehung unserer Kinder zu übernehmen. Wir sollten dabei nicht vergessen, dass sich unsere Gesellschaft gerade im Hinblick auf das Geld und den Umgang damit besonders stark verändert hat. Einstellungen und Bewertungen, die noch vor vielleicht 15 oder 20 Jahren richtig und üblich waren, könnten heute längst überholt sein – und sind es tatsächlich auch meistens.

So viele Jugendliche dürfen ihr Taschengeld ganz selbstständig ausgeben

Altersgruppe	*Anteil in %* *Jungen*	*Anteil in %* *Mädchen*
6– 9 Jahre	46	46
10–13 Jahre	75	75
14–17 Jahre	91	87
Gesamt	70	

(Quellen: KVA 2000 Verlagsgruppe Bauer, Verlagsgruppe Lübbe und Axel Springer Verlag AG)

Aktuelle Zahlen verdeutlichen eindrucksvoll, dass ein zu starkes Festhalten an eigenen Kindheitserfahrungen die Eltern in eine falsche Richtung führt. Denn diese Zahlen weichen allein im Vergleich mit den fünf Jahre zuvor ermittelten bereits um bis zu zwölf Prozent ab. Die Freiheit, die Eltern ihren Kindern heute einräumen, nimmt also außergewöhnlich schnell zu (siehe Tabelle auf S. 14). Auch hier zeigt sich ein sehr schneller Wandel. Denn im Vergleich zum Jahr 1995 nahmen die Bestrebungen der Eltern, sich in die Geldangelegenheiten der Kinder einzumischen, in einer Größenordnung von fünf bis neun Prozent ab (siehe Tabelle auf S. 16).
Die Eltern haben sich demzufolge in den letzten fünf Jahren dem geänderten Konsumverhalten der Jugendlichen angepasst, lassen den Jugendlichen beim Umgang mit dem eigenen Geld mehr Spielraum und zeigen damit auch ein wachsendes Vertrauen in deren vernünftigen Umgang mit Geld.

Taschengeld sorgt für Prioritäten

Ob liberale oder traditionelle Erziehungsweisen den Umgang mit dem Nachwuchs prägen, spielt keine Rolle: Kinder und Erwachsene können sich nicht ganz aus unserer Konsumgesellschaft ausschließen, dann müssten sie schon als Einsiedler in den Bergen oder wie Robinson auf einer einsamen Insel leben. Wer Teil unserer Gesellschaft ist und für diese Gesellschaft (über-)lebensfähig gemacht werden soll, muss nun mal Geld ausgeben.
Kinder sollten jedoch frühzeitig lernen, nicht dem Konsumrausch zu erliegen, den die Werbespots auslösen können. Sie müssen lernen, Geld nach Wichtigkeitsstufen auszugeben. Auch hierbei hilft der Umgang mit Taschengeld. Es ermöglicht Heranwachsenden, an den vielfältigen Aktivitäten und Angeboten der Gesellschaft teilzunehmen und hierfür persönliche Prioritäten zu setzen nach der Devise: Werden Bedürfnisse sofort befriedigt oder werden sie zugunsten größerer Wünsche eine Weile zurückgestellt?

Umdenken fängt mit Nachdenken an

Wenn wir unser Kind immer wieder zum Nachdenken anhalten, lernt es Wertigkeiten festzulegen. Ist der Kauf der gerade aktuellen Sammelkarten jetzt wichtiger als das Sparen auf weiteres Zubehör für die Eisenbahn oder das Puppenhaus?

Kinder lernen beim Umgang mit Taschengeld quasi nebenbei, dass es längerfristig sinnvoll sein kann, auf die Erfüllung ihrer Wünsche zu warten, um sich dann an größeren und sinnvolleren Anschaffungen zu erfreuen.

Eltern erfahren dabei meist sehr schnell, was auch Psychologen bestätigen: Der Kindern anfangs eigene Impuls nach schneller Bedürfnisbefriedigung nimmt durch einen frühzeitigen Umgang mit Taschengeld merklich und mit zunehmendem Alter stets weiter ab. Das Kind lernt geduldiger mit Geld umzugehen und die Bedeutung von Konsumartikeln besser einzuschätzen.

Wo mischen sich Eltern in die Taschengeldausgaben ein?

Was erlauben die Eltern vom Taschengeld	Anteil der Kids in % (J. 2000)
Darf CD/Hörspielkassetten kaufen	47
Darf beliebig viele Süßigkeiten kaufen	47
Darf alleine Klamotten kaufen	33
Darf alleine etwas kaufen, das teurer ist als 51 Euro	19

Natürlich werden bei diesem Lernprozess Fehler gemacht. Doch sie sollten erlaubt sein. Eltern und Großeltern sollten sie nicht mit erhobenem Zeigefinger bestrafen. Schließlich lernt das Kind selbst und auf ganz einfache Weise aus den eigenen Fehlern. Denn aus einem leeren Taschengeldportemonnaie kann schließlich nichts mehr bezahlt werden. Das Kind erfährt auf diese Weise, dass nicht alle Vergnügungen unbegrenzt ausgeschöpft werden können. Es müssen Prioritäten gesetzt werden. Der Lerneffekt aus einem falschen Umgang mit Taschengeld bleibt aber nur so lange erhalten, wie Eltern oder Großeltern nicht irgendwelche Taschengeldlöcher stopfen! Erlaubt ist natürlich, das Geburtstags- oder Weihnachtsgeld etwas höher ausfallen zu lassen.

Eltern als Vorbilder

Kinder orientieren sich in Bezug auf Geld und Konsum zunächst an ihren Eltern. Später kommt dann der starke Einfluss der Klassenkameraden und Freunde hinzu. Sie bestimmen, was »in« und »out« und somit wichtig oder unwichtig ist.
Eltern sind in Bezug auf Geldausgeben Vorbild für Kinder. Wenn sie selbst Wert auf Markenartikel legen, sich viele Spontankäufe »gönnen« und verschwenderisch mit Geld umgehen, werden sie ihre Kinder schwerlich zum Sparen anhalten können. Dann ziehen auch keine Argumente wie: »Geld alleine macht nicht glücklich« oder »Man kann nicht alles haben«.
Wenn eine Mutter nur Versace-Schuhe trägt, wird sie ihrer jugendlichen und schon bestens mit den Nobel- und Billigmarken vertrauten Tochter kaum die teuren Markensportschuhe mit dem bloßen Hinweis auf die höheren Kosten verbieten können. Zugegeben, es handelt sich um eine Diskussion, die Eltern mit höherem Familieneinkommen kaum führen werden. Da ist es üblich, auch den Nachwuchs nicht bei Aldi einzukleiden, wenn die Eltern bei Gucci, Hermes oder Versace kaufen.
Aber in den Millionen Normalverdienerhaushalten stellt sich die Situation anders dar. Da kaufen sich Eltern vielleicht auch mal ein besonderes und teures Kleidungsstück – ohne nun auch gleich den Kleiderschrank des Kindes auf Nobelmarken hochrüsten zu können. Und dann? Nun sind statt bloßer Preisargumente handfeste Begründungen nötig.

Der Wunsch nach Nobelmarken

Üblicherweise wird das Kind seine Konsumwünsche mit folgendem Argument begründen: »Du kaufst doch auch nur bestimmte Marken, du gehst doch auch immer in die teure Boutique und nicht ins Massenkaufhaus.«
Um glaubwürdig zu bleiben und dazu noch einen erzieherischen Effekt zu erzielen, könnten die Eltern in solchen Fällen beispielsweise wie folgt antworten:

- »Ich kaufe mir normalerweise auch nicht so teure Sachen. Aber dafür habe ich lange gespart – und nun kann ich mir diesen Wunsch erfüllen.« Mit dem Kind kann nun besprochen werden, ob es eigenes Taschengeld spart, um sich auch einmal ähnliche Wünsche zu erfüllen (siehe auch Antwort 3).
- »Ich kann mir sonst auch nur normale Sachen leisten – aber um mir etwas ganz Besonderes erlauben zu können, habe ich extra gearbeitet und nebenbei etwas verdient.« – Wobei die Arbeit und der Extraverdienst noch erläutert werden können. Außerdem kann mit dem Kind darüber gesprochen werden, welche Möglichkeiten sich böten, ebenfalls sein Taschengeld durch zusätzliche Einnahmen aufzustocken.
- »Ich kaufe mir nur sehr selten mal etwas Neues. Und dann trage ich meine Sachen auch viele Jahre lang. Du aber wächst noch und gehst mit deinen Sachen nicht ganz so pfleglich um, also müssen wir für dich viel häufiger etwas Neues kaufen. Und dann können wir dafür nicht so viel Geld ausgeben wie für ein Kleidungsstück, das jahrelang getragen wird.« Hier bietet sich in Kombination mit Antwort 1 die gute Möglichkeit, dem Kind einen Kompromiss vorzuschlagen: »Wenn du Taschengeld sparst und beim nächsten Einkauf das Gesparte dazugibst, können wir dir auch statt eines normalen Kleidungsstücks die teurere Marke kaufen.«

Was »in« und »out« ist, unterliegt einem ständigen Wandel und wird von der Werbung bestimmt. Kinder und Jugendliche wollen »in« sein, damit sie von ihrer Clique anerkannt werden. Dieser Druck äußert sich in einem konformen Konsumverhalten, alle wollen z. B. die gleiche Jeans- oder Handymarke.

Eltern geraten da schnell in die Zwickmühle. Sie wollen ihr Kind nicht hinter den anderen zurückstehen lassen und würden emotional gerne dem Drängen nach bestimmten Markenartikeln nachgeben. Das aber hieße, ihnen mehr Taschengeld zu geben oder Extrazuschüsse zu gewähren. Rational gesehen würden sie dann ihre Kinder darin bestärken, dass Selbstwertgefühl mit bestimmten Markenartikeln verknüpft ist.

Kinder und Erwachsene können aber nicht isoliert von der Werbung leben. Selbst an der Bushaltestelle und seit neuestem sogar über Monitore in den Bussen drängt Ihnen die Werbung die neuesten Unterwäschekollektionen oder Handymodelle auf. Und hinzu kommt der Gruppenzwang, den Mitschüler oder auch die Kameraden im Sportverein ausüben. Und da ist es mit weltfremden Ratschlägen wie »keine Fernsehwerbung« sicher nicht getan.

Beispielhaftes Verhalten

Wenn Eltern ihren Kindern ein moderates Konsumverhalten vorleben, wird die Bedeutung teurer Markenartikel bereits relativiert. Und dazu können Eltern ihren Kindern im Zusammenspiel mit den bereits vorgeschlagenen Reaktionen auf den Wunsch nach teurer Markenkleidung ja auch Alternativen bieten. Nehmen wir mal das Beispiel von Janina. Sie ist vierzehn Jahre alt und darf ihre Kleidung weitestgehend allein und selbstständig einkaufen. Für die Kleidung, die sie wirklich benötigt, erhält sie von ihrer Mutter einen bestimmten Geldbetrag pro Einkauf, der sich auch nach dem echten Bedarf (Hose, Jacke, Bluse, Pullover) richtet. Extrawünsche muss sie von ihrem Taschengeld bestreiten. Von diesem Kleidungsbudget kann sie auch Markenartikel kaufen, dann bleibt allerdings weniger Geld für anderes übrig. Wenn sie statt der Markenjeans für 102 Euro lieber zwei Hosen für jeweils 51 Euro kauft, hat sie mengenmäßig mehr davon. Diese Entscheidungsfreiheit stärkt Janina nicht nur in ihrer Selbstständigkeit und ihrem Entscheidungsvermögen, sondern auch in dem Gefühl für Wert und Gegenwert des Geldes.

Der Kunde Kind und Jugendlicher ist von der Industrie als Zielgruppe voll erkannt.

Durch diese Entscheidungsfreiheit wird sie auch zunehmend selbstbewusster, denn es wird ihr ein Vertrauensvorschuss entgegengebracht.
Weil Kleidung zu den Grundbedürfnissen gehört, soll die normale Ausstattung nicht als Geschenk gelten. Eine Möglichkeit ist es deshalb, ganz besondere Kleidung für Geburtstage oder Weihnachten auf den Wunschzettel zu schreiben. Und auch da bieten sich wieder hervorragende Gelegenheiten, auf das Konsumverhalten erzieherischen Einfluss zu nehmen. Angenommen, Marco hat sich zum Geburtstag eine sündhaft teure Markenjacke gewünscht, die gerade »in« ist und dafür eine gewisse Geldsumme bekommen. Die Einkaufstour beginnt nun damit, dass zunächst mal das Angebot verschiedener Geschäfte geprüft wird. So lernt Marco, Preise zu vergleichen. Vielleicht bleiben ja von dem eingesparten Geld noch einige Euro für andere Sachen übrig?
Möglicherweise findet Marco ja auch eine preiswertere Jacke, die ihm ebenfalls gefällt, obwohl es nicht die von ihm gewünschte Marke ist. »Locken« Sie Ihr Kind damit, dass es den eingesparten Betrag für einen ganz anderen Wunsch im Rahmen des Geschenkbudgets behalten darf. So erfährt es, dass konformes Konsumverhalten und Markendenken letztlich ziemlich einschränkt, und lernt, Qualität und Preis im Verhältnis zueinander zu bewerten.
Allerdings dürfen Eltern in solchen Fällen nicht meckern, wenn die Entscheidung am Ende doch zugunsten der Markenjacke ausfällt. Wahrscheinlich ist es eben der lang gehegte und nun erfüllbare Wunsch. Das ist zu respektieren. Trotzdem lässt sich der Lerneffekt noch erzielen – später, wenn das Kind den nächsten nicht vom Taschengeld bezahlbaren Wunsch äußert. Getreu unserer Maxime, dass solche Wünsche im Normalfall nicht erfüllt werden, kann folgendes Argument zur Anwendung gebracht werden: »Schau mal, diesen Wunsch hättest du dir jetzt sofort erfüllen können, wenn du nicht die teure, sondern eine andere Jacke genommen hättest.«

Rote Karte für Oma und Opa

Die bisherigen Beispiele zeigen bereits, dass über Geld mit der selben Selbstverständlichkeit gesprochen werden muss wie über das Wetter.
Ein wichtiger Grund dafür ist, dass Eltern auf diese Weise eher nebenbei und nicht in Form eines Verhörs erfahren, was das Kind mit seinem Geld gemacht hat oder zu machen plant. Außerdem lassen sich so Unterwanderungen der eigenen Taschengelderziehung durch unerwünschte Einflüsse (Geldspritzen aus der Verwandtschaft) erkennen und unterbinden. So haben wir die Möglichkeit, z. B. Oma und Opa ohne Wissen des Kindes die »rote Karte zu zeigen« und dies auch zu erläutern. Aber es gibt noch mehr gute Gründe, in der Familie über finanzielle Fragen offen zu sprechen. Kinder müssen lernen, dass Geld in jedem Alter ein Thema bleibt, und es bei finanziellen Fragen sinnvoll sein kann, die Meinung anderer zu hören. Die Höhe des Taschengeldes ist außerdem nicht losgelöst von der finanziellen Situation in der Familie, sondern orientiert sich in einem gewissen Rahmen daran. Und schließlich wird das Taschengeld ja nicht nur dem Alter des Kindes angepasst, sondern auch der Fähigkeit mit Geld umzugehen, die sich mit wachsendem Lebensalter verändert, aber immer wieder diskutiert werden sollte.

Wie viel Taschengeld ist richtig?

Sie werden nie erleben, dass ein Kind von sich aus darauf hinweist, zu viel Taschengeld zu erhalten, also mehr, als allgemein im Freundeskreis üblich ist. Das kommt zwar in der Praxis oft genug vor. Aber es wäre falsch, denn Kinder sollten nicht mit Geld zugeschüttet werden. Sonst haben sie als Erwachsene Probleme beim Umgang mit Geld, wenn das Gehalt zum Beispiel nicht mehr ausreicht, um die vielen Wünsche zu erfüllen. Auch dann kann der Betroffene in eine Schuldenfalle geraten, wenn er nie lernen musste, Prioritäten beim Geldausgeben zu setzen, weil immer genug für alle Wünsche übrig war. Vor allem die Großeltern neigen dazu, den Enkeln bei Engpässen auszuhelfen. Oft ist der Betrag, der quasi nebenbei in die Taschen der Kids wandert, unverhältnismäßig groß verglichen mit der Höhe des Taschengeldes. Wohlhabende Eltern und Großeltern legen für ihren Nachwuchs besser Geld an, wovon die Begünstigten zunächst noch nichts wissen. Wie und wo erfahren Sie in späteren Kapiteln.

Wie oft und wann?

Eher als Hinweise auf zu viel Taschengeld werden Eltern Klagen darüber zu hören bekommen, dass sie zu wenig zahlen. Doch der bei den Kindern entstehende Eindruck, andere hätten viel mehr, kommt oft nur durch einen falschen Zahlungsrhythmus zustande. Erst mit zunehmendem Alter sind Kinder nämlich in der Lage, Zeiträume zu überblicken und einzuschätzen. Aus diesem Grund sollten Kinder unter zehn Jahren ihr Taschengeld wöchentlich erhalten. Ein Kind gleichen Alters, das monatlich Taschengeld bekommt, wird immer den trügerischen Eindruck haben, seine Altersgenossen bekämen viel mehr. Denn die Logik, dass einmal wöchentlich zwei Euro denselben Betrag ergeben wie einmal monatlich acht Euro, ist für das Kind noch nicht wirklich nachvollziehbar. Der Monat ist aus Sicht jüngerer Kinder ein kaum vorstellbarer Zeitraum. Folglich können Sie weder Einnahmen noch Ausgaben für einen Monat überblicken. Erst etwa ab dem zehnten Geburtstag kann, abhängig von der Reife des Kindes, von der wöchentlichen auf zweiwöchentliche oder monatliche Zahlung umgestellt werden.
Aus dem genannten Grund des mangelnden Zeitgefühls bei Jüngeren sollten auch die von vielen Geldinstituten angebotenen Taschengeld-Girokonten zum Nulltarif nicht zu früh eingerichtet werden. Sie bieten sich erst dann an, wenn Kinder Summen und Zeiträume ins rechte Verhältnis setzen können. Ab dem zehnten Geburtstag ist dies der Fall und dann sind solche Konten durchaus empfehlenswert.

Sie werden nämlich auf reiner Guthabenbasis geführt, Kontoüberziehungen sind also ausgeschlossen. Die Kids können das Geld abheben oder auch am Geldautomaten ziehen. Zum besseren Überblick werden auch Kontoauszüge zugeschickt oder können am Automaten gezogen werden. Guthaben werden sogar verzinst. Die Taschengeldkonten tragen also dazu bei, Kinder langsam an den Umgang mit bargeldlosen Zahlungen heranzuführen. Und das ist wichtig, weil nirgendwo anders, nicht in der Schule und nicht auf der Universität, die Vermittlung dieses Wissens im Lehrplan steht.
Unbedingt wichtig bei der Nutzung von Girokonten für Kinder und Jugendliche ist jedoch, dass Eltern das Taschengeld absolut pünktlich auf das Konto schieben. Dies kann zweckmäßigerweise per Dauerauftrag geschehen. Der ganze Lerneffekt wird jedoch zunichte gemacht, wenn Barzahlungen geplant sind und dann nicht pünktlich erfolgen.

So viel Taschengeld bekommen Kinder in Deutschland
Die nebenstehende Tabelle gibt nur Orientierungswerte wieder. Die Taschengeldhöhe richtet sich in erster Linie nach den finanziellen und sozialen Verhältnissen der Eltern und dann erst nach den Wünschen der Kinder. Somit kann das Taschengeld auch geringer ausfallen. Auch bei ausreichend vorhandenen Mitteln sollten die Beträge jedoch nicht zu weit nach oben von der hier genannten abweichen.

Taschengeld-Orientierungswerte

Kinder bis neun Jahre (wöchentlich)

5–6 J.	6–7 J.	8–9 J.
0,5 €	1,5–2 €	2,5 €

Kinder bis 18 Jahre (monatlich)

10–11 J.	12–13 J.	14–15 J.	16–18 J.
13 €	18 €	23–31 €	31–44 €

Arme und reiche Familien

Oft wird die Frage gestellt, wie sich Eltern verhalten sollten, wenn sie nur ein unter diesen Orientierungswerten liegendes Taschengeld zahlen können. Die Antwort: Es wäre völlig falsch, ungeachtet der familiären Verhältnisse die Orientierungsgrößen einhalten zu wollen.

Stattdessen sollten Eltern offen mit ihren Kindern über die finanzielle Situation reden. Dabei muss nicht zu sehr in die Details gegangen werden. Aber Kinder müssen verstehen, warum sie deutlich weniger Taschengeld als ihre Altersgenossen bekommen. Und dazu bedarf es schon einer nachvollziehbaren Begründung. Allerdings reicht ein Satz wie »Wir haben nicht so viel Geld wie andere, weil ...« vollkommen aus. Werden die finanziellen Probleme oder kurzfristigen Engpässe in dieser Form besprochen, stärkt das die Vertrauensbasis und das Verständnis zwischen Eltern und Kind, denn das Kind fühlt sich als Familienmitglied ernst genommen.

Offenheit entlastet

Aus unserer täglichen Arbeit und unserer Mitgliedschaft in der Bundesarbeitsgemeinschaft Schuldnerberatung wissen wir, dass viele Eltern nicht den Mut zum offenen Gespräch mit den Kindern aufbringen. Ganz im Gegenteil. Häufig sind überschuldete Eltern nicht einmal ehrlich gegenüber sich selbst und verschließen die Augen vor ihrer eigenen Finanzsituation. Und da kann es kaum gelingen, offen mit den Kindern über die Probleme zu sprechen.

Ein Verzicht fällt Kindern leichter, wenn sie wissen warum!

Doch wenn es überhaupt keine Erklärungen gibt, kann sich das Kind gegenüber Gleichaltrigen zurückgesetzt fühlen. Dasselbe gilt, wenn eine finanzielle Verschlechterung das Kind unvorbereitet trifft. Je älter es ist, desto eher wird es die Frage stellen, warum nicht frühzeitig darüber gesprochen wurde. Oft erfahren Eltern in solchen Situationen,

dass sie das Verantwortungsbewusstsein und die Einsicht und Vernunft ihrer Kinder weit unterschätzt haben.
Statt Offenheit zu zeigen, wird jedoch immer wieder nach dem Prinzip verfahren: »Wenigstens den Kindern soll es gut gehen.« – und es wird versucht, mit anderen Eltern mitzuhalten. Das mag noch gehen, wenn der Engpass tatsächlich kurzfristig ist. Ansonsten aber sollten besser mit dem Kind Problemlösungen erarbeitet werden, ob an anderer Stelle Geld eingespart werden kann oder es selbst etwas hinzuverdienen kann.

Familien im Wohlstand

Ebenso häufig wie das Schuldenproblem in der Familie ist folgende Situation anzutreffen: Die Eltern verfügen über sehr gute finanzielle Möglichkeiten, ihre Kinder wachsen vergleichsweise luxuriös auf, müssen auf nichts verzichten und fordern, um ihren Lebensstandard halten zu können, auch erheblich mehr Taschengeld, als für die Altersgruppe normalerweise üblich und angemessen ist.
Bequem ist es natürlich, dem Wunsch des Kindes dann einfach nachzugeben und die Moneten hinzublättern. Und viele Eltern verfahren auch nach diesem Prinzip. Denn Diskutieren kostet viel Zeit und Kraft, zudem besteht im Rahmen des geschilderten Szenarios tatsächlich die Gefahr, dass den Eltern die Argumente ausgehen.
Der Umstand aber, dass Kinder in solchen Fällen bereits von der Lebenssituation der Eltern auf ihre eigene schließen und dementsprechende Forderungen haben, verlangt es, das Thema eben doch mit den Kindern zu erörtern – und Erfolge zu erzielen. Eltern sollten ganz klar darauf hinweisen, dass es besser ist, wenn die Taschengeldhöhe im mittleren Rahmen liegt. Dem Kind sollte ganz offen gesagt werden, dass die Höhe seines Taschengeldes nicht deutlich über der seiner Altersgenossen liegen sollte. Machen Sie dem Kind klar, dass jemand, der »von Beruf Sohn oder Tochter« ist, schnell zum Außenseiter werden kann. Er wird häufig auf Neid oder Missgunst stoßen –

oder von falschen Freunden ausgenutzt. Und auch dabei ist, egal wie »ungerecht« das Kind solche Aussagen empfindet, schonungslose Deutlichkeit angezeigt. Die Aussage, »Ich möchte, dass du genauso lang wie deine Freunde darüber nachdenken musst, ob du dir ein Eis erlauben kannst oder nicht«, wird beim Kind einen Denkprozess auslösen – wenn auch nicht immer sofort.

Eltern sollten außerdem thematisieren, dass zu viel demonstrierter Luxus Neidgefühle aufkommen lässt und falsche Freunde anlockt. Sagen Sie Ihrem Sprössling, dass es für seine persönliche Entwicklung besser ist, mit weniger auszukommen, auch mal auf etwas zu verzichten. Die logische Erklärung für Eltern, die solche Notwendigkeiten nicht einsehen, ist folgende: Wenn das Kind später beim Berufseintritt überhaupt keinen positiven Budgetunterschied zu vorher feststellt, fehlen Leistungsanreize.

Dafür wird Geld ausgegeben

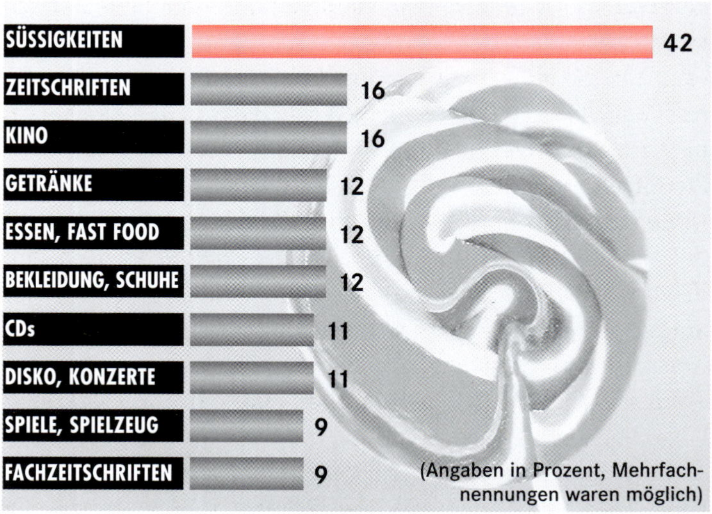

Livingston Media, Hamburg

Obwohl Kinder mit Abstand das meiste Geld für Süßigkeiten ausgeben, stehen das Lesen und die gemeinsamen Unternehmungen mit Freunden immerhin doch an zweiter und dritter Stelle.

Von den vielen Binsenweisheiten im Zusammenhang mit Geld ist also die folgende durchaus beachtenswert: »Ein bisschen weniger ist manchmal mehr.« Und gerade in wohlhabenden Familien, wo Fleiß und vernünftiger Umgang mit Geld erst den Wohlstand gebracht haben, werden Eltern den Erziehungseffekt des eher knapp bemessenen Taschengeldes besonders schätzen. Nur so kann bei Kindern der Ehrgeiz geweckt werden, später aus eigener Kraft etwas zu erreichen und Leistungsbereitschaft zu zeigen.

Kinder und Geldgeschäfte

Bisher ging es darum, wie Taschengeldfragen in der Praxis beantwortet werden, was Kindern von Ihren Eltern im Umgang mit Taschengeld erlaubt wird und was nicht. Doch oft taucht die Frage auf, welche gesetzlichen Regeln es eigentlich dazu gibt. Die Antworten darauf finden wir im Bürgerlichen Gesetzbuch (BGB).
Das BGB kennt bei den so genannten natürlichen Personen bestimmte Altersgrenzen. Je älter jemand ist, desto stärker nimmt er am Rechtsverkehr teil. Das heißt, er darf sich in immer höherem Maße vertraglich verpflichten und muss im Ausgleich dazu auch immer stärker für seine Fehler haften.
Dass Eltern nicht unbeschränkt über ihre Kinder bestimmen dürfen, stellt schon das BGB klar. In § 1626 Abs. 2 BGB heißt es: »Bei der Pflege und Erziehung berücksichtigen die Eltern die wachsende Fähigkeit und das wachsende Bedürfnis des Kindes zu selbstständigem verantwortungsbewussten Handeln. Sie besprechen mit dem Kind, soweit es nach dessen Entwicklungsstand angezeigt ist, Fragen der elterlichen Sorge und streben Einvernehmen an.«
Dummerweise neigt man als Vater oder Mutter häufig dazu, die Reife des eigenen Kindes zu unter- oder überschätzen. Um Eltern und Richtern Anhaltspunkte für die Entwicklungsstufen eines Kindes zu geben, sieht das Gesetz für bestimmte Ent-

scheidungen Altersgrenzen vor. Schaut man sich diese Grenzen einmal näher an, wird etwas deutlicher, was die Rechtsordnung unter dem Entwicklungsstand eines Kindes versteht.

Auch Kinder dürfen Verträge schließen

Verträge kann jeder schließen, der geschäftsfähig ist. Das ist normalerweise jeder Mensch, der 18 Jahre oder älter ist. Verträge können aber auch von rechtsfähigen juristischen Personen geschlossen werden. Dabei gilt es, folgende Altersgrenzen zu beachten.

Ab der Geburt: Das Kind kann klagen

Mit Vollendung der Geburt ist ein Mensch nach dem BGB zwar rechtsfähig, aber geschäftsunfähig. Das heißt, er darf Unterhalt verlangen, und man kann ihm eine Leistung versprechen (Rechtsfähigkeit). Solange das geborene Kind geschäftsunfähig ist, kann es aber keine Verträge schließen, und es haftet auch nicht für Handlungen, die Schäden verursachen. Das BGB ist mit dem Zeitpunkt der Rechtsfähigkeit aber nicht ganz konsequent. So kann das Ungeborene zum Beispiel schon vor seiner Geburt erben: Es »gilt als vor dem Erbfall geboren«, bestimmt das Gesetz (§ 1923 Abs. 2 BGB). Weiter stehen schon dem Ungeborenen die elementaren Grundrechte auf Leben und körperliche Unversehrtheit zu, befand das Verfassungsgericht zuletzt am 28.5.1993 (2 BvF 2/90), erstmals am 25.2.1975 (1 BvF 1/74). Schließlich kann sogar ein noch nicht erzeugter Nachkomme mit einem Vertrag begünstigt oder als Nacherbe eingesetzt werden.

Ab dem siebten Geburtstag: Der »Taschengeldparagraf«

Mit dem siebten Geburtstag wird ein Minderjähriger beschränkt geschäftsfähig (§ 106 BGB). Soweit das Kind vernünftig genug ist, muss es jetzt auch für unerlaubte Handlungen geradestehen (§ 828 Abs. 2 BGB). Ansonsten kann es jetzt Verträge schließen, solange ein Erziehungsberechtigter oder

der Vormund einwilligt. Wichtig: Ohne Einwilligung ist ein zwischen dem Minderjährigen und einem Händler geschlossener Vertrag von Anfang an unwirksam. Wer einem Kind also ein Fahrrad verkauft, muss damit rechnen, dass wenige Tage später die Eltern vorbeikommen und das Geschäft rückgängig machen. Davon gibt es jedoch Ausnahmen:

Zum einen durch den »Taschengeldparagrafen« (§ 110 BGB). Er erlaubt, es einem beschränkt Geschäftsfähigen, wirksame Verträge zu schließen, solange er seine Verpflichtungen mit dem Taschengeld bestreiten kann. Das gilt allerdings schon dann nicht mehr, wenn der Minderjährige – beispielsweise für das Fahrrad – Ratenzahlung vereinbart. Dann nämlich muss jeder davon ausgehen, dass dieses Rad gerade nicht mehr mit dem Taschengeld gekauft werden kann. Die Eltern müssen also einwilligen – entweder vorher (Zustimmung) oder hinterher (Genehmigung).

Zum anderen braucht der beschränkt Geschäftsfähige keine Einwilligung für Verträge, aus denen er lediglich einen rechtlichen Vorteil erlangt. Das sind zum Beispiel Geschenke, solange sie nicht wieder mit weitergehenden Verpflichtungen einhergehen. So hat man lange darüber gestritten, ob man einem Minderjährigen ein Grundstück schenken kann, obwohl damit auch Verpflichtungen einhergehen. Man ist sich aber darin einig, dass bei Grund und Boden die Vorteile schwerer wiegen als die Nachteile.

So helfen Sie Ihrem Kind

Sie sind das Vorbild beim Umgang mit Geld und Konsumverhalten.

Taschengeld in angemessener Höhe; nicht zu wenig und nicht zu viel.

Zum Sparen motivieren, aber nicht zwingen.

Für erfolgreiches Sparen belohnen.

Bei kindlichem Kaufrausch nach eventuellen emotionalen Ursachen suchen.

Ab 14 Jahren: Die Schuldfähigkeit beginnt

Mit Vollendung des 14. Lebensjahrs wird ein Mensch im Sinne des Strafrechts schuldfähig. Das heißt, unter 14-jährige Kinder

kann der Staatsanwalt nicht belangen, ältere dagegen schon. Für Jugendliche – das sind Menschen zwischen 14 und 18 Jahren (§ 1 Abs. 2 Jugendgerichtsgesetz) – gilt allerdings der mildere Strafkatalog des Jugendstrafrechts.
Im Zivilrecht muss ein Kind spätestens mit 14 Jahren immer beteiligt werden, wenn es um familiäre Entscheidungen geht. So kann beispielsweise ein mindestens 14-jähriges Kind nur adoptiert werden, wenn es selbst damit einverstanden ist.

Ab 16 Jahren: Heirat kann erlaubt werden
Mit dem 16. Geburtstag kann ein Minderjähriger ein notarielles Testament errichten. Schreibt er seinen letzten Willen aber bloß eigenhändig auf, ist das unwirksam. Der Notar muss sich von der Testierfähigkeit des Minderjährigen überzeugen und das im Testament vermerken (§§ 2232, 2247 Abs. 4 BGB). Ein Minderjähriger ist eben nur beschränkt testierfähig.

Nach dem BGB ist die Geschäftsfähigkeit nach Altersstufen genau festgelegt.

Weiter kann das Familiengericht einem mindestens 16-Jährigen erlauben zu heiraten – sofern der künftige Ehegatte volljährig ist. Ein Minderjähriger kann also mit dem 16. Geburtstag die Ehemündigkeit erreichen (§ 1303 BGB).
Vor dem Strafgericht dürfen Jugendliche unter 16 Jahren nicht vereidigt werden (§ 61 Nr. 1 StPO). Man geht davon aus, dass ein Jugendlicher erst mit 16 Jahren erkennt, welche moralische und rechtliche Bedeutung ein Schwur hat.

Der 18. Geburtstag: Nun muss niemand mehr gefragt werden
Mit dem 18. Geburtstag ist ein Mensch volljährig und damit in jeder Hinsicht voll geschäftsfähig. Er kann und darf Verträge

schließen, ohne irgendjemanden um Erlaubnis bitten oder fragen zu müssen. Er unterliegt nicht mehr der elterlichen Sorge – obwohl er noch Unterhaltsansprüche gegen seine Erzeuger haben kann. Er kann sowohl eigenhändige Testamente errichten, also Erben einsetzen wie auch nach Gutdünken heiraten, wen und wann er will. Die Kehrseite der Medaille muss jedoch auch berücksichtigt werden: Ab jetzt ist er für seine Handlungen voll verantwortlich.

Die Eltern entscheiden

Im Rahmen der Vermögenssorge sind die Eltern für Folgendes zuständig:

- Soweit das Kind nicht oder nur beschränkt geschäftsfähig ist, entscheiden die Eltern darüber, welche geschäftlichen Vereinbarungen es mit Dritten trifft. Verschenkt ein achtjähriges Kind zum Beispiel sein altes Dreirad, geht das nur mit Zustimmung der Eltern.
- Wie hoch das Taschengeld ausfällt, ist ebenfalls Sache der Eltern. Was das Kind damit anstellt, liegt dann aber in der Verantwortung des Kindes. Man sollte im Hinterkopf haben, dass ein Kind mit dem Taschengeld selbstständig wirtschaften lernen soll.
- Die Eltern dürfen Geschäfte im Namen und mit Wirkung für das Kind machen. So ist es absolut üblich, dass die Sorgeberechtigten ein Sparbuch auf den Namen des Kindes eröffnen, um ihm etwas Sicherheit und Kapital für seinen späteren Lebensweg zu sichern.
- Was sie allerdings nicht dürfen, sind die so genannten In-Sich-Geschäfte. Will ein Vater bei seinem Kind einen Kredit aufnehmen, darf er sein Kind beim Vertragsabschluss nicht vertreten. Wenn so ein Geschäft aus irgendwelchen Gründen gemacht werden muss, entscheidet darüber das Familiengericht. Für solche Geschäfte kann ein Pfleger bestellt werden, der mit den Eltern aus nahe liegenden Gründen nicht in gerader Linie verwandt sein darf.

Wann Eltern eine gerichtliche Erlaubnis benötigen

Es gibt darüber hinaus einige Sorten von Geschäften, bei denen das Familiengericht immer um Zustimmung gefragt werden muss (§ 1643 BGB). Das sind wirtschaftliche Entscheidungen der Sorgeberechtigten für ihren Sprössling, bei denen die Gefahr besteht, dass sogar die Eltern eher an ihren eigenen Vorteil denken als an den ihres Kindes. Welche das sind, wird in §§ 1821, 1822 BGB aufgezählt.

Im Überblick handelt es sich dabei (neben einigen anderen Fragen) um Folgendes:

- Grundstücksgeschäfte (§ 1821 BGB). Sobald die Eltern im Namen des Kindes mit Grund und Boden hantieren, muss das Familiengericht eingeschaltet werden. Ausnahme: Es handelt sich um das Aufnehmen oder Löschen einer Hypothek, einer Grundschuld oder einer Rentenlast.
- Vermögensverfügungen (§ 1822 Nr. 1 BGB). Das sind die Geschäfte, die das gesamte Vermögen des Kindes betreffen.
- Erbschaftsangelegenheiten (§ 1822 Nrn. 1, 2 BGB). Wenn das Kind also zum Beispiel auf einen Pflichtteil verzichten, eine Erbschaft ausschlagen oder annehmen soll, hat das Gericht ein Wort mitzureden.
- Handelsgeschäfte (§ 1822 Nrn. 3, 11 BGB). Damit sind die Geschäfte gemeint, mit denen das Kind eine GmbH eröffnen oder erwerben kann oder mit denen ihm ein Firmenanteil übertragen werden soll.
- Langfristige Miet- oder Pachtverträge (§ 1822 Nrn. 4, 5 BGB). Das Gericht entscheidet mit, wenn das Kind ein Landgut oder einen Betrieb pachten will. Soll das Kind irgendetwas anderes mieten, muss das Gericht nur dann zustimmen, wenn das Kind zum einen in regelmäßigen Abständen Miete zahlen soll, und die Laufzeit des geschlossenen Vertrags zum anderen so lang ist, dass das Kind in der Zwischenzeit 19 Jahre alt wird.
- Lehr- und Arbeitsverträge, die für mehr als ein Jahr geschlossen werden (§ 1822 Nrn. 7, 8 BGB).

Diese Beschränkungen sind natürlich mit dem Tage dahin, an dem das Kind volljährig wird und seine finanziellen Angelegenheiten selbst regeln kann, darf und muss. Nur haben dann die Eltern auch keine Möglichkeit mehr, im Namen des Kindes zu entscheiden.

Eltern müssen nicht zahlen

Bestimmt wird Ihren Kindern irgendwann dieses Buch in die Hand fallen, und dann werden sie es begierig aufschlagen und in diesem Kapitel vor allem die Antwort auf eine Frage – deren Diskussion mit den Eltern für sie meist unerfreulich endet – suchen: Wie viel Taschengeld müssen ihnen Eltern nach dem Gesetz zahlen

Die bittere Antwort – für die Kids lautet: im Normalfall gar keins. Es gibt für Minderjährige im Gesetzbuch keine Tabellen und richtungsweisenden Urteile, aus denen sich Ansprüche ableiten ließen. Denn die Eltern sind zwar – ob geschieden, getrenntlebend oder nicht – zum Unterhalt verpflichtet. Aber damit hat es sich bereits. Nirgendwo ist vom Gesetzgeber vorgegeben, dass ein Teil dieses Unterhalts den Kindern in bar zusteht.

Der Unterhalt kann also auch vollständig als Naturalunterhalt erbracht werden, wenn die Eltern also Essen, Kleidung und Unterkunft bezahlen. Erst ab dem Erreichen der Volljährigkeit und wenn sie während der Ausbildung nicht mehr zu Hause wohnen, können Kinder Geldforderungen gegen ihre Eltern durchsetzen. Auch da ist aber nicht die Rede von Taschengeld, sondern nur von Unterhaltsanspruch.

Deshalb Gespräche über Geld

Geld bleibt ein Leben lang ein Thema, und es kann bei finanziellen Fragen sinnvoll sein, die Meinung anderer zu hören.

Die Höhe des Taschengeldes ist nicht losgelöst von der finanziellen Situation in der Familie, sondern orientiert sich an ihrer wirtschaftlichen Lage.

Der Geldbedarf des Kindes sowie seine Fähigkeit mit Geld umzugehen, verändern sich mit dem Alter, also auch das Taschengeld.

REICHE KINDER – ARME KINDER

Alle anderen haben mehr!

Eigener Verdienst

Werbung und Konsum

Wunschlos glücklich?

Geld verschafft Ansehen

Seite 34-59

„Geld mag die Schale für vieles sein, aber nicht der Kern. Es verschafft dir Essen, aber nicht Appetit, Medizin, aber nicht Gesundheit, Möglichkeiten zum Kennenlernen, aber nicht Freunde, Diener, aber nicht Treue, Tage der Freude, aber nicht Frieden noch Glück."

Henrik Johan Ibsen

Alle anderen haben mehr!

Das Münchener Institut für Jugendforschung hat ermittelt, dass die Gesamtheit aller Kids zwischen 6 und 14 Jahren in Deutschland über ein Sparvermögen von 2,66 Mrd. Euro verfügt: 1,23 Mrd. Euro als festes Taschengeld, 511 Millionen Euro, die es nebenbei gibt, und 920 Millionen Euro, die aus Geschenken zum Geburtstag und zu Weihnachten stammen.
Über zwei Drittel der Kinder dieser Altersgruppe verfügen über ein durchschnittliches Taschengeld von monatlich 12 Euro. Die Altersgruppe von 6 bis 17 Jahren erhält ein durchschnittliches Taschengeld von monatlich rund 27 Euro. Neun von zehn Jugendlichen besitzen auch schon Ersparnisse, die jüngeren Kids durchschnittlich 510 Euro, die älteren (über 17 Jahre) mehr als doppelt so viel. Dies scheint den genannten Sätzen für die Taschengeld-Orientierungswerte (siehe Seite 23) deutlich zu widersprechen. Aber dem ist nicht so.

Kleine Kapitalisten

Kids-Verbraucheranalyse 2000

Vermögen der 6- bis 17-jährigen Kids in Deutschland pro Person und Jahr in Euro

Noch nie waren Kinder und Jugendliche für die Wirtschaft so attraktiv, Finanzkraft und Konsumbereitschaft nie größer als heute. Umso dringender ist es, Kinder mit Geldgeschäften vertraut zu machen.

Die Kehrseite der Medaille ist nämlich folgende: Ungefähr jedes fünfte Kind in Deutschland lebt von der Sozialhilfe und bekommt auch kein Taschengeld!
Wenn sich die wirtschaftliche Situation der Eltern verschlechtert, sparen sie am Taschengeld. Hier machen sich die Unterschiede zwischen Arm und Reich deutlich bemerkbar.
Dennoch sind die Gesamtzahlen positiv. Die Kids zwischen 6 und 17 Jahren haben so viel Geld wie nie zuvor, Kaufkraft und Konsumfreude waren nie größer als heute. Das belegen die Zahlen der Kids-Verbraucheranalyse 2000.
Tröstlich für Eltern mag da vor allem eines sein: Auch wenn der Nachwuchs gerne sein Geld beim »Shopping« ausgibt, besteht seine Lieblingsbeschäftigung darin, die freie Zeit mit Freunden zu verbringen, Musik zu hören, Videofilme anzusehen oder zu lesen. Aber dadurch sollte man sich nicht irritieren lassen: Auch das sind schließlich Vergnügungen, die Geld kosten!
Kinder und Jugendliche geben viel Taschengeld für Freizeitaktivitäten aus. Die Anschaffungen für die Freizeit werden mit zunehmendem Alter teurer. An erster Stelle stehen hier Computer und Zubehör sowie Telespiele. Um dem mit zunehmendem Alter veränderten Freizeitverhalten gerecht zu werden, sollte das Taschengeld regelmäßig angepasst oder durch Nebenjobs erhöht werden.
Diese Hobbys werden nicht nur vom Taschengeld, sondern auch von Weihnachts- und Geburtstagszuwendungen bezahlt. Wie viel Deutschlands kaufkräftige Jugend da durchschnittlich zugesteckt bekommt, ist der Grafik auf Seite 36 zu entnehmen.

Geldgeschenke im Rahmen halten

Taschengeld sollte immer eine verlässliche Größe darstellen, damit das Kind lernt, damit zu wirtschaften. Dieser Lerneffekt bleibt aus, wenn Taschengeld als Bestrafung gekürzt wird oder wenn immer noch nebenbei von Verwandten Geld zugesteckt wird (siehe Tabelle auf S. 42).

WAS KINDER IN IHRER FREIZEIT BEVORZUGEN

Freizeitaktivitäten Jungen (in Prozent)

	6–9 Jahre	10–13 Jahre	14–17 Jahre
Mit Freunden zusammen sein	96	98	99
Malen, zeichnen	92	63	k.A.
Musik hören	92	97	96
Lego/Legosystem	89	60	k.A.
Hörspielkassetten hören	85	61	k.A.
Gesellschaftsspiele	85	86	72
Videofilme ansehen	83	93	93
Spielkästen (z. B. Playmobil)	73	k.A.	k.A.
Ins Kino gehen	66	80	93
Fußball spielen	63	72	69
Bücher lesen	k.A.	82	82
Mit dem PC beschäftigen	k.A.	k.A.	81
Ausgehen (Disco, Partys)	k.A.	k.A.	74
Popkonzerte	k.A.	k.A.	58

Freizeitaktivitäten Mädchen (in Prozent)

	6–9 Jahre	10–13 Jahre	14–17 Jahre
Mit Freunden zusammen sein	97	98	99
Malen, zeichnen	95	94	75
Musik hören	96	99	98
Mit Puppen/Stofftieren spielen	92	k.A.	k.A.
Hörspielkassetten hören	89	69	k.A.
Gesellschaftsspiele	90	93	82
Videofilme ansehen	77	89	93
Basteln, modellieren	63	71	k.A.
Ins Kino gehen	63	87	94
Mit Tieren beschäftigen	k.A.	68	k.A.
Bücher lesen	69	94	94
Rätsel lösen	k.A.	k.A.	75
Ausgehen (Disco, Partys)	k.A.	k.A.	83
Popkonzerte	k.A.	k.A.	71

Zusätzliche Geldzuwendungen bekommen jedoch die meisten Kinder und Jugendlichen, zum Beispiel Kirmesgeld von Opa, Geld fürs Kino von Oma und natürlich zu Weihnachten und zum Geburtstag. Dieser unerwartete Geldsegen muss von den Eltern richtig gesteuert werden. Wenn die Verwandten zu großzügig sind, sollte dem Kind nicht alles in bar gegeben werden, sondern ein Teil aufs Sparbuch gehen oder in eine Anlageform, von der das Kind zunächst nichts erfährt.
Anders kann bei Geldgeschenken für Kino oder Kirmes verfahren werden. Sie sind zweckgebunden und daher unbedenklich, solange sie nicht übertrieben hoch ausfallen oder zu regelmäßig erfolgen.

Einteilen – sparen – ausgeben

Wenn Kinder jedoch ständig Verwandte um Geldzuwendungen anbetteln, kann das zwei Gründe haben: Entweder ist das Taschengeld der Eltern zu niedrig, oder es wird nicht richtig eingeteilt. Sprechen Sie mit Ihrem Kind, und versuchen Sie, den Grund für die »Finanznöte« zu finden. Muss das Taschengeld erhöht werden, ist ein kleiner Nebenjob angebracht, oder liegt es am übertriebenen Konsum des Kindes? Wenn Eltern und andere Verwandte regelmäßig Extrageld zuschießen, wird sich das Kind darauf verlassen und verpasst die wichtige Lernchance, mit Geld umgehen zu können.
Auch kleinere Geldgeschenke können eingeteilt werden in Geld zur freien Verfügung und Geld, das für bestimmte Zwecke oder größere Wünsche angespart wird. Das sollte aber auf freiwilliger Basis durch das Kind selbst geschehen und von den Eltern nur in Gesprächen angeraten werden. Machen Sie dem Kind klar, dass das Sparen nicht Verzicht bedeutet, sondern mehr Freude zu einem anderen Zeitpunkt erlaubt. Locken Sie das Kind damit, dass nur auf diese Weise größere Anschaffungen möglich sind. Stellen Sie eine Belohnungsprämie in Aussicht, wenn das Kind ein bestimmtes Sparziel erreicht hat. Die Zinsen von der Bank allein können es nicht sein. Da kommt

bei den Minibeträgen schließlich kaum etwas heraus. Aber Eltern können den Zinseffekt unterstreichen, indem sie einen kleinen Zinszuschuss zahlen.

Das durchschnittliche Sparguthaben der Kids in Euro

Gesamt	548
Jungen	552
Jungen 6–9 Jahren	401
Jungen 10–13 Jahren	523
Jungen 14–17 Jahren	738
Mädchen	542
Mädchen 6–9 Jahren	346
Mädchen 10–13 Jahren	536
Mädchen 14–17 Jahren	744

Geldgeschenke sollten aber nicht vollständig angespart werden, denn das Geldausgeben macht ja auch Spaß. Wenn Eltern das Kind zum Sparen zwingen, verliert es den Spaß am Wirtschaften und bekommt genauso wenig ein maßvolles Verhältnis zu Geld wie Kinder, die Geld im Überfluss ausgeben können.

Wichtig für den Lerneffekt des Kindes ist, dass die Eltern sich nicht in den vom Kind gewählten Aufteilungsmaßstab einmischen, sondern lediglich helfend zur Seite stehen. Nur so kann es selbst die richtige Balance zwischen dem Sparen und Ausgeben finden.

Der Balanceakt um die Taschengeldhöhe

Das Taschengeld richtet sich immer nach den Einkommensverhältnissen der Eltern. Da es aber hierfür keinen »Tarifvertrag« und keine gesetzliche Regelung gibt, ist es immer eine freiwillige Zahlung der Eltern. Reiche Eltern können von ihren Kindern nicht zu einem besonders hohen Taschengeld gezwungen werden.

So gibt es natürlich immer kleine und größere Unterschiede bezüglich der Taschengeldhöhe der Kinder, und es ist immer relativ, ob die monatliche Zuwendung der Eltern angemessen, zu hoch oder zu niedrig ist. Jedes Kind wird immer ein anderes finden, das mehr bekommt als es selbst. Wenn die Kinder ständig über zu wenig Geld klagen, müssen die Eltern herausfinden, woran es liegt. Viele Engpässe kann man durch eine bessere Einteilung vermeiden. Was aber ist, wenn das Familieneinkommen tatsächlich nicht ausreicht, um den Kindern eine angemessene Summe zur Verfügung zu stellen?

Eigener Verdienst

Wenn Kinder nur ein kleines monatliches Taschengeld erhalten oder einen ihre finanziellen Möglichkeiten übersteigenden Bedarf haben, müssen sie entweder lernen, mit weniger auszukommen, oder sie finden andere Finanzquellen.
Meistens versuchen Kinder, ihr Taschengeld durch Nebenjobs oder Extrahilfen im Haushalt aufzubessern. Eltern sollten aber für normale Arbeiten im Haushalt nicht extra zahlen. Schließlich soll der Nachwuchs sich am Gemeinschaftsleben beteiligen und nicht für jeden Handschlag zusätzlich kassieren. Mütter werden ja auch nicht dafür bezahlt, dass sie waschen oder kochen. Das Zimmer aufräumen, Schuhe putzen, den Mülleimer hinaustragen und beim Einkaufen helfen sollte zum Normalprogramm gehören – und von den Kids zum Nulltarif erledigt werden. Vielleicht auch noch weitere Aufgaben – dies aber muss von der familiären Situation abhängig gemacht werden. Eltern sollten also selbst entscheiden, welche Arbeiten extra mit einem Zusatztaschengeld als eigener Verdienst zu entlohnen sind. Wichtig bei allen häuslichen und außerhäuslichen Nebenbeschäftigungen aber ist, dass sie altersentsprechend sind und für Schulaufgaben, Erholung und Hobbys noch ausreichend Zeit bleibt.
Auch der Gesetzgeber hat berücksichtigt, dass Kinder den Eltern helfen und manchmal sogar schon gegen Entlohnung beschäftigt sein können. Deshalb verlangt er, dass die Beschäftigung zu den Fähigkeiten und Interessen des Kindes passt und den gesetzlichen Bestimmungen entspricht. Kinderarbeit ist verboten. Das bedeutet, dass Kinder und Jugendliche in unserer Gesellschaft gesetzlich davor geschützt werden, über ihre Kräfte zu arbeiten oder ausgenutzt zu werden. Deshalb dürfen

Kinder erst ab 13 Jahren mit eingeschränkter Stundenzahl tätig werden. Nicht alle Tätigkeiten sind erlaubt. 13-Jährige dürfen aber nachmittags oder in den frühen Abendstunden Zeitungen austragen, bei der landwirtschaftlichen Ernte oder bei sportlichen Veranstaltungen helfen. Jugendliche über 15 Jahre dürfen während ihrer Schulferien für maximal vier Kalenderwochen im Jahr Jobs annehmen.

Geld aus Geburtstagszuwendungen pro Jahr

Alter Jungen/Mädchen	*Zuwendung in Euro*
Gesamt	60
Jungen	61
Mädchen	59
Jungen/Mädchen 6–9 Jahre	39/33
Jungen/Mädchen 10–13 Jahre	53/61
Jungen/Mädchen 14–17 Jahre	90/84

Die Beschäftigung darf laut Gesetz nicht mehr Zeit und Energie kosten, als die Kinder erübrigen können. Für Schule, Lehre, Studium oder andere Ausbildungsgänge muss ausreichend Zeit übrig bleiben. Das bedeutet auch, dass das Kind oder der Jugendliche ausgeruht und ausgeschlafen seiner Ausbildung nachgehen kann. Was nützt es, im Studium viel Geld zu verdienen, wenn man im 43. Semester immer noch keinen Abschluss hat? Hier muss die richtige Balance zwischen Ausbildung, Nebenjob und Freizeit gefunden werden.

Wo finden Jugendliche einen Nebenjob?

Je jünger der Nachwuchs ist, desto mehr ist er auf der Suche nach eigenen Verdienstmöglichkeiten auf die Hilfe der Eltern angewiesen. Dabei sollten Eltern ihren Kindern aber nicht sämtliche Arbeit abnehmen, sondern sie lediglich unterstützen, also Hilfe zur Selbsthilfe leisten. Und dafür macht es oft Sinn, die eigenen Kontakte zu nutzen. So könnten die Kinder z. B. bei Eltern, Verwandten, Nachbarn, Freunden und Bekannten fragen und sich auf die Eltern beziehen.

Vor der Jobsuche sollten die möglichen Tätigkeiten zugunsten einer schnellen Entscheidung schon eingegrenzt werden. Der

Jugendliche muss sich fragen, in welchen Bereichen er arbeiten möchte und was für ihn gar nicht infrage kommt. Dies sollte im Gespräch mit den Eltern geschehen – denn dann können sie die Entscheidungen positiv und entsprechend ihrer größeren Erfahrung beeinflussen.
In welchen Bereichen Nebenjobs möglich sind, ist natürlich auch vom sozialen und örtlichen Umfeld abhängig. Im Gespräch mit den Kindern sollten jedoch vor allem die verschiedenen Bereiche ausgelotet werden und dann die sich dort jeweils bietenden Möglichkeiten.

Arbeiten im sozialen Bereich:

- Babysitten,
- Spielnachmittage für Kinder veranstalten und Hilfe bei Kinderpartys anbieten,
- kleinere Kinder von der Schule oder vom Kindergarten abholen und nach Hause bringen,
- Kinder zu Hause oder auf dem Spielplatz betreuen,
- ältere und/oder kranke Menschen betreuen, z. B. für sie einkaufen, ihnen vorlesen, zuhören, für sie einkaufen gehen,
- Hausaufgabenbetreuung für jüngere Kinder.

Arbeiten im Dienstleistungsbereich:

- Autos waschen,
- Einkäufe erledigen,
- im Haushalt helfen, Treppenhaus- und Fensterreinigung,
- kleine Hausmeisterdienste,
- Rasen mähen,
- sonstige Gartenarbeiten, zum Beispiel Blumen gießen, Rasen sprengen,
- für Nachbarn im Urlaub Haus, Tiere und Pflanzen hüten,
- Hundesitting,
- Tierarztbesuche erledigen,
- Pferde versorgen und ausführen,
- Botendienste zu Fuß oder mit Fahrrad oder Mofa,

- Zeitungen, Kataloge oder Werbeprospekte austragen,
- Aushilfstätigkeiten in Geschäften und Supermärkten, auf dem Wochenmarkt, in Cafés oder Gaststätten, allerdings für Minderjährige nicht in den Abendstunden.

Verdienstmöglichkeiten, indem außergewöhnliche Begabungen für andere eingesetzt werden:
- Nachhilfeunterricht erteilen in Fächern, in denen man selbst gut ist,
- technische Arbeiten erledigen, zum Beispiel Fahrradreparaturen, Bilder aufhängen, Gerätereparaturen,
- PC-Arbeiten,
- auf Festen oder Veranstaltungen Musik spielen.

Kreative Tätigkeiten:
- Seidentücher bemalen,
- Oster- und Weihnachtsschmuck basteln,
- Dekorationsartikel herstellen,
- bei Partys und anderen Festlichkeiten als Diskjockey, Zauberkünstler oder Alleinunterhalter auftreten.

Was ist, wenn Kinder gar keinen Job finden?

Das ist einerseits nur schwer vorstellbar angesichts der sich bietenden und eben stichwortartig dargestellten Möglichkeiten. Aber aller Anfang ist schwer – und deshalb ist die Hilfe der Eltern – auch und vor allem als »Türöffner« – sehr wichtig. Sie sollten ihre Kontakte und ihr Wissen nutzen, um den Kindern einen Job zu verschaffen.

Für die Eltern hat das Vorteile. Sie wissen, für wen ihr Kind arbeitet und um welche Art von Arbeit es sich handelt. Sie können dann auch leicht eingreifen, wenn es doch mal Probleme zwischen »Arbeitgeber« und »Arbeitnehmer« oder im Job überhaupt gibt.

Außerdem machen sie dem Kind damit deutlich, dass seine eigenen Anstrengungen nicht nur gutgeheißen, sondern auch unterstützt werden. Für Kinder ist damit die wichtige Erkenntnis verbunden, dass die Eltern nicht nur kluge Ratschläge erteilen, sondern auch aktiv bei deren Umsetzung helfen. Gerade hier kann ein wichtiger Grundstein für das künftige gute Verhältnis in der schwierigsten Phase gelegt werden – denn wenn die Kinder für eigene Arbeit alt genug sind, stecken sie meist mitten in der Pubertät. Gerade dann aber ist die gemeinsame Lösung solcher Aufgaben wie der Jobsuche ein besonders einschneidendes, positiv prägendes Erlebnis.

Mein Kind muss nicht arbeiten!

Für manche Eltern allerdings mag bereits der Gedanke befremdlich sein, dass ihr Kind für ein – womöglich geringes – Entgelt irgendwo irgendetwas arbeiten und sich einem Chef unterordnen soll. Oft sind in solchen Situationen vor allem zwei Begründungen zu hören, mit denen Eltern die Arbeit ihrer Kinder ablehnen: »Die sollen erst mal zu Hause richtig mithelfen.« und »Uns geht es gut, warum soll das Kind arbeiten?«

Doch so schnell manche Eltern mit diesen Sätzen bei der Hand sind – es handelt sich meist um Scheinargumente. Denn es ist Unfug und hat überhaupt nichts mit Pflichtgefühl einerseits und Bedürfnisbefriedigung andererseits zu tun, die Arbeit des Kindes zugunsten einer Taschengeldaufbesserung mit dem Hinweis auf die zu Hause zu leistende Arbeit abzulehnen. Wir haben bereits darauf hingewiesen, dass die Erledigung von Gemeinschaftsaufgaben in der Familie durch das Kind selbstverständlich sein sollte, in einem gewissen Rahmen jedenfalls.

Wie viel Geld haben die Kids im Monat durchschnittlich zur freien Verfügung?

Gesamt in Euro	26,60
Jungen	26,70
Jungen 6–9 Jahren	9,20
Jungen 10–13 Jahren	19,40
Jungen 14–17 Jahren	51,60
Mädchen	26,60
Mädchen 6–9 Jahren	9,20
Mädchen 10–13 Jahren	21,00
Mädchen 14–17 Jahren	49,60

Nun wäre es aber kontraproduktiv, das Kind mit weiteren Aufgaben zu überschütten, weil es ja vermeintlich angesichts seines Arbeitswunsches noch über ausreichend Freizeit verfügt. Wenn dies doch geschehen soll, dann müssten aber die Eltern als Akt der Fairness diese zusätzlich übertragenen Arbeiten auch honorieren.

Arbeitende Kinder sind nicht arm

Das zweite Argument, »Uns geht es gut, warum soll das Kind arbeiten?«, wird unserer Erfahrung nach gar nicht so oft von den Eltern angeführt, die tatsächlich über große finanzielle Möglichkeiten verfügen, sondern viel häufiger von denen, die sich den Anschein eines relativen Wohlstands geben wollen.
Diesen Eltern kommt es oft weniger auf das »Seelenheil« und Wohlergehen ihrer Kinder an, sondern eher auf den Eindruck, der bei anderen entstehen könnte, nämlich arm zu sein. Da ist es fast so wie mit dem größten Auto in der Reihenhaussiedlung, das auch nicht angeschafft wird, weil man es sich leisten kann und den PS-Protz wirklich benötigt, sondern um die Nachbarn zu übertrumpfen.

Über einen Job machen Kinder Erfahrungen über den familiären Nahraum hinaus.

Tatsächlich haben oft gerade die Eltern, denen es aufgrund ihrer eigenen Leistungen finanziell deutlich besser geht als anderen, ein sehr großes Interesse daran, diese Leistungsbereitschaft auch ihren Kindern zu vermitteln. Dafür aber gibt es keinen besseren Erziehungsweg als den einfachen Satz: »Wenn du mehr als normal oder etwas Besonderes willst, dann musst du auch bereit sein, dafür zu arbeiten.« Kinder wohlhabender Eltern werden aus diesen Gründen finanziell häufig ganz besonders kurz gehalten.

Dass sie mit dieser Einstellung Recht haben, wird vielen Eltern schon bald bestätigt, wenn sie feststellen, wie stolz ihre Kinder auf das selbst verdiente Geld sind. Doch dieser Stolz ist nur ein Teil des Erziehungseffekts. Denn hinzu kommt meistens auch noch, dass Kinder ihren Eltern dankbar sind für die damit eröffneten Möglichkeiten. Und in diesen Fällen müssen sich Eltern tatsächlich kaum noch Gedanken darüber machen, ob das Kind die richtige Einstellung zu materiellen Werten bekommt, also den Wert des Geldes zu schätzen lernt. Denn wer selbst erfahren hat, dass er erst einmal eine oder zwei Stunden arbeiten muss, ehe er das Geld für eine Kinokarte verdient hat, bei dem erübrigen sich belehrende Vorträge mit Binsenweisheiten über die Schwierigkeit des Geldverdienens und den sorgsamen Umgang mit dem Verdienten.

Müssen Einkünfte versteuert werden?

Die Steuergesetze sind unerbittlich, auch gegenüber Kids: Wer in Deutschland lebt und hier Geld verdient, muss es versteuern, unabhängig davon, wie alt er ist. Aber das gilt erst ab einer bestimmten Größenordnung. Und die werden Kinder im Normalfall kaum überschreiten.

Dass unsere Kinder in den meisten Fällen keine Steuern zahlen müssen, verdanken sie der Regelung des steuerfreien Existenzminimums. Es gibt nämlich für jeden einen jährlichen Grundfreibetrag von 7.235 Euro (jeweils für 2001 und 2002, für 2003/2004 jeweils 7.426 Euro und für 2005 7.664 Euro) sowie einen Sparerfreibetrag von 1.550 Euro plus Werbungskostenpauschbetrag von 51 Euro, wobei auch höhere Werbungskosten nachgewiesen werden können. Erst, wer die Summe seiner Freibeträge überschreitet, muss vom Einkommen Steuern zahlen.

Kinder und Jugendliche, die nur Kapitaleinkünfte haben, werden erst mit Zinseinkünften ab 8.873 Euro steuerpflichtig. Der Eingangssteuersatz liegt bei 19,9 % und steigt progressiv immer weiter an bis 48,5 %.

Werbung und Konsum

Industrie und Werbebranche sprechen mit überdurchschnittlich viel Engagement gezielt die lieben Kleinen an, da sie kaufkräftige Konsumenten sind. Sie wecken bei den Kids Bedürfnisse, die sich dann mehr oder weniger je nach Liquidität und Finanzpolster in Konsum niederschlagen.

Die meisten Eltern machen heute die Erfahrung, dass ihre Kinder sehr früh mitbekommen, was es alles an Produkten zu kaufen gibt. Die Werbung suggeriert den kleinen Verbrauchern die angeblichen Glücksgefühle, die mit einem Kauf der geworbenen Produkte eintreten sollen. Die kindliche Beeinflussung geht so weit, dass manche Kinder die Werbetexte und Musik in- und auswendig kennen. Selbst Kleinkinder, die noch im Einkaufswagen der Mutter sitzen, werden frühzeitig durch die vielen bunten Sachen in den Auslagen in die Konsumwelt integriert. Geschickt werden die Helden der Kinderzimmer, z. B. Teletubbies und Pokémons, rundum vermarktet. Mittlerweile erobert die Werbung schon die Schulen, z. B. durch Basketballkörbe mit Turnschuhlogo. Oder Bildschirmschoner mit den bekannten lila Paarhufern als Gegenleistung für zehn brandneue Computer. Sogar Großbildleinwände mit Werbung sind im Test – dafür wandert dann Bargeld in die Schulkasse.

Dass Kinder und Jugendliche über die vielfältigen Medien zum »Konsumterror und Kaufrausch« gedrängt werden, erschwert Eltern zunehmend die Erziehung in Geldangelegenheiten. Die Kids behaupten einfach, dass sie die Markenartikel, das Handy und den PC dringend brauchen, um vor ihren Altersgenossen bestehen zu können.

So ermittelte die Zeitschrift »Bravo«, dass kostspielige Videogames, Computer, Internet und Handys elementare Teile der Lebenswelt der 12- bis 18-Jährigen sind. Um ständig für ihre Freunde erreichbar zu sein, geben die Jugendlichen durchschnittlich monatlich 31 Euro nur für das Handy aus. Jeder vierte Jugendliche hat ein eigenes Handy, andere nutzen das

ihrer Eltern oder Geschwister mit, verursachen jedoch durch den Gebrauch Kosten.
Ebenfalls verdeutlicht diese Untersuchung, dass Jungen weitaus größeres Interesse an PC und Internet zeigen als Mädchen.
32 % der 6- bis 17-jährigen Kids nutzen das Internet, wobei hiervon 54 % auf die 14- bis 17-jährigen Jungen entfällt. Das heißt aber nicht, dass Mädchen deshalb weniger Geld »verbritzeln«, denn sie geben mehr für Kleidung und Körperpflegemittel aus. Sie verwenden nicht mehr das Shampoo und die Körperlotion ihrer Mutter, sondern betrachten es als selbstverständlich, ihre eigenen Produkte im Regal stehen zu haben. Ganz oben auf der Wunschliste der Jugendlichen stehen aber auch noch andere teure und technisch teilweise sehr schnell überholte Produkte der Unterhaltungselektronik. Auch hier steht der Wunsch nach einem eigenen PC an erster Stelle (siehe Tabelle auf S. 50).

Das Handy als Statussymbol

Altersgruppen	*Handybesitz in %*	*Handywunsch in %*
Gesamt	7	34
Jungen/Mädchen 6–9 Jahren	1/1	18/9
Jungen/Mädchen 10–13 Jahren	4/3	36/35
Jungen/Mädchen 14–17 Jahren	17/13	51/52

Die Marke spielt eine große Rolle

Ganz entscheidend bei der Produktauswahl ist für Kids jedoch immer die Marke. Liegt auf dem Gabentisch statt eines Nokia-Handys eines von Motorola, wird rumgemault. Die Marke ist ein Statussymbol, es verschafft ihnen Anerkennung bei den »Freunden« und somit Selbstwertgefühl. Wer Billigmarken besitzt, wird von der Gruppe ausgegrenzt und fühlt sich minderwertig.
Eltern müssen in mühseliger Kleinarbeit den Kids vermitteln, dass Selbstwertgefühl nur auf inneren, persönlichen Werten, jedoch niemals auf Marken bestimmter Konsumartikel basieren darf. Das ist jedoch ein schwieriges, langwieriges Unterfan-

gen, denn die Kids wollen von solchen gutgemeinten Ratschlägen kaum etwas wissen. In deren Augen zählt die (Konsum-) Gesellschaft oft mehr als das Elternhaus. Aber nicht nur in der Gruppe der Jugendlichen sind die Unterschiede zwischen verschiedenen Herstellern von Bedeutung. Auch die Erwachsenen achten sehr darauf, welches Logo auf der Ware zu sehen ist. Und was diese Markenauswahl angeht, werden sie in ihrer Kaufentscheidung zunehmend von den Kindern beeinflusst. So redet jeder fünfte Junge und 10 % der Mädchen bei der Anschaffung von Fernsehen, Videorekordern und sogar beim Autokauf mit.

Jugendliche kennen sich zwar bestens aus mit Konsumartikeln und deren Markenhits, weniger jedoch, was die grundlegenden Begriffe Geld, Handel und Preise angeht. Hier gibt es ein großes tiefes Loch, was den Wissensstand im wirtschaftlichen Bereich angeht. Dieser Bedarf an Information sollte durch die Gelderziehung in der Familie gedeckt werden. Tatsächlich kennen sich aber auch viele Eltern überhaupt nicht oder zu wenig mit Geldfragen aus. So sind die meisten Eltern zum Beispiel der festen Überzeugung, dem Handel blieben 50 % des Umsatzes an Gewinn, obwohl es tatsächlich nur 1 % sind.

Die Kaufwünsche der Jugendlichen

Konsumgut	*Besitz in % 1995/2000 im Vergleich*	*Wunsch in % 1995/2000 im Vergleich*
Fernseher	33/39	40/38
CD-Player	24/34	25/17
Hi-Fi-Anlage	28/33	22/22
Computer/PC	19/21	25/32
Videorekorder	8/17	38/35

Da somit offensichtlich auch nur sehr wenige Eltern in der Lage sind, ihren Sprösslingen ein gesundes Konsumverhalten vorzuleben und Fragen rund um Geld kompetent zu beantworten, muss das Fach Wirtschaft an deutschen Schulen unbedingt eingeführt werden. Das kann in einfacher, anschaulicher Form schon in der Grundschule beginnen und auf dem Gymnasium in volkswirtschaftlichen Gesamtzusammenhängen enden.

Wunschlos glücklich?

Wie verhalten sich Eltern, wenn sie den Wünschen ihrer Kids nicht gerecht werden können? Sie kommen nicht darum herum, viele offene Gespräche mit ihren Kindern zu führen. Und wenn genügend Geld vorhanden ist, sehen sie sich mit der schwierigen Aufgabe konfrontiert, ihren Kindern zu vermitteln, dass unbegrenzter Konsum nicht unbegrenzt glücklich macht. Denn das Schlimmste, was Eltern ihren Kindern antun können, ist die Erfüllung aller Wünsche, weil sie Liebe mit materieller Zuwendung verwechseln. Manche Eltern scheinen sich regelrecht damit freizukaufen. Egal, ob sie nicht genug Zeit für die Kinder haben oder sie aus anderen Gründen mit Geld und Geschenken überhäufen, meistens wollen die Eltern ihre Kleinen schnell und ohne große Auseinandersetzungen glücklich sehen – eine Verwöhnungsfalle mit evtl. fatalen Auswirkungen.

Verzicht und Frustration sind für Kinder wichtig

Wer als Kind keinen Verzicht und auch keine Frustrationen erlebt hat, ist diesen Erfahrungen später unvorbereitet ausgeliefert. Darauf reagieren nicht wenige junge Erwachsene mit Realitätsflucht, zum Beispiel in Form von Alkohol-, Drogen-, Tabletten- oder Spielsucht. Diese Suchterkrankungen sind meistens eine Folge davon, dass die Ichstärke von den Eltern unzureichend gefördert wurde. Häufig waren materielle Werte wichtiger als persönliche Zuwendung. In neueren Studien hat man im Zusammenhang von Konsumverhalten und Sucht festgestellt, dass schon Kleinkinder von der Spielsachenschwemme überfordert sind. Die Phantasie wird durch perfekt nachgebildete Dinge eingeschränkt. Deshalb gehen unter anderem so genannte spielzeugfreie Kindergärten dazu über, die Kinder z. B. mit selbst gesammelten Dingen aus der Natur spielen zu lassen. Daraus gebastelte Spielsachen besitzen einen ganz eigenen Wert für Kinder und werden meistens auch nicht leichtfertig zerstört.

Die Erfüllung aller Wünsche ist demnach zwar bequem und erspart lästige Diskussionen, bereitet die Kids aber denkbar schlecht auf das wirkliche Leben vor. Wenn allen Forderungen nachgegeben wird, wächst die Erwartungshaltung der Kids ins Unermessliche, sie glauben zu Recht, das würde alles unbegrenzt so weitergehen, paradiesische Zustände also. Irgendwann ist das Ende jeder Steigerungsmöglichkeit aber erreicht und der Absturz vorprogrammiert. Bestes Beispiel hierfür sind superreiche Popstars, die trotz ihrer Millionen plötzlich pleite sind. Sie haben nie gelernt, eigenverantwortlich mit Geld umzugehen, weil ihnen alles zugeflogen ist.

Wer für sein Geld arbeiten muss, weiß in der Regel dessen Wert besser zu schätzen und überlegt zweimal, bevor er es sinnlos verprasst. Deshalb ist es sinnvoll, dass Kids ab einem gewissen Alter für ihre Extrawünsche kleine Nebenjobs annehmen.

Die Verwöhnfalle

Bei Einzelkindern, zum Teil auch bei Kindern von Alleinerziehenden, ist die Verwöhnungsgefahr noch größer als bei Geschwisterkindern oder Kindern, die in »kompletten« Familien aufwachsen. Einzelkinder sind innerhalb der Familie meistens die Stars und werden oft von mehreren Generationen mit Geschenken und Geldzuwendungen überschüttet. Sie müssen kaum teilen, Verzicht üben oder Kompromisse mit Geschwistern bzw. Eltern schließen.

Entsprechend häufig ist zu beobachten, dass viele Einzelkinder ihr Taschengeld mit vollen Händen ausgeben – es gibt ja immer reichlich Nachschub. In schweren Fällen von Verwöhnung haben die Prinzen und Prinzesschen nie lernen können, ihr Geld zu verwalten und eigenverantwortlich damit umzugehen. Sie können überhaupt kein Gefühl für Geld entwickeln. Eltern und Großeltern, die ihre Kinder dieser wichtigen Lernprozesse berauben, handeln daher unüberlegt und unverantwortlich.

Es ist egal, ob die Ursache in der Einzelkindsituation oder im notorisch schlechten Gewissen von Alleinerziehenden besteht,

die keine Zeit für ihre Kinder haben. Gefährlich ist es in jedem Fall, materielle Zuwendungen mit emotionalen Zuwendungen zu verwechseln. Kinder, die bei einer Trennung der Eltern weniger Aufmerksamkeit bekommen oder sogar in die Streitigkeiten hineingezogen werden, sind oft frühreif und haben überzogene materielle Ansprüche. Sie werden von mehreren Seiten mit Geld und überteuerten Geschenken überschüttet und dürfen luxuriöse Geburtstagspartys veranstalten.
Oft wollen sich die nicht mit den Kindern zusammenlebenden Elternteile ihre Zuneigung »erkaufen«. Auch diese Kinder bekommen ein völlig falsches Bild von Konsum. Geld und materielle Werte werden überbewertet, auch hier kann weder ein gesundes Gefühl für Geld noch die Balance zwischen dem Sparen und Geldausgeben entwickelt werden.

Streit um Handygebühren: Wer zahlt was?

Ein häufiger Streitpunkt innerhalb der Familie ist die Frage, ob Kinder und Jugendliche ein Handy benötigen, und wer die Kosten bezahlt. Da es früher kein Handy gab, und viele Familien nicht einmal Telefon hatten, ist eine zwingende Notwendigkeit des Mobiltelefons für Kids sicher nicht zu bejahen. Dennoch müssen sich Eltern damit auseinander setzen, denn der Besitz eines funktionierenden Handys gibt den Kids Selbstbewusstsein, Flexibilität, Mobilität und vor allen Dingen Anerkennung in der Gruppe.
Wenn Eltern jedoch wie selbstverständlich Anschaffung und alle laufenden Gebühren bezahlen, ohne dass das Kind sich daran beteiligt, werden auch hier falsche Zeichen gesetzt. Erklären Sie dem Kind, dass es sich um Luxusaufwendungen handelt, die eigentlich vom Taschengeld bezahlt werden müssen, Sie aber auch die Vorteile der ständigen Erreichbarkeit des Kindes sehen würden.
Bewährt haben sich Kompromisslösungen, die etwa so aussehen könnten: Das Handy ist ein Geschenk zum Geburtstag oder zu Weihnachten. Sie übernehmen die monatliche Grund-

gebühr, und die Kids zahlen die Gesprächsgebühren. Bei Prepaidkarten übernehmen Sie die Hälfte der Gebühren. Kinder ab 13 Jahren können sich ja auch ihren Anteil an den laufenden Handykosten durch außerordentliche Hilfen im Haushalt, Babysitten, Nachhilfe usw. (siehe S. 43/44) selbst hinzuverdienen.

Eltern müssen Grenzen setzen

Schaffen Sie klare Grenzen, auf die sich die Kids verlassen können. Geben Sie ein festes Taschengeld, worüber das Kind frei verfügen darf. Sprechen Sie mit den Großeltern und den übrigen Verwandten, dass diese auf keinen Fall »nebenbei« etwas zustecken, sondern stattdessen zu Weihnachten oder am Geburtstag etwas tiefer in die Tasche greifen. Die Alternative hierzu sind Geldanlagen, von denen das Kind zunächst nichts erfährt. Erklären Sie ihnen, dass Ihr Kind den Umgang mit Geld nicht lernt, wenn es zu viel davon zum Ausgeben hat.
Klare Grenzen schaffen bedeutet aber auch, das Taschengeld nicht willkürlich zu kürzen. Wenn Taschengeldkürzung als »Strafmaßnahme« eingesetzt wird, kann sich das Kind auch nicht auf eine feste Größe verlassen.
Vergrößern Sie die Entscheidungsbereiche der Kids über verfügbares und zu sparendes Geld mit zunehmendem Alter, und verbinden Sie damit auch wachsende Verantwortung. Rechte und Pflichten des Kindes wachsen in gleichem Maße. Längeren Ausgehzeiten und höherem Taschengeld stehen dann auch größere Pflichten im Haushalt sowie Verantwortung für Geschwister und im Umgang mit eigenem Geld gegenüber.
Meistens reicht das Finanzpolster der Eltern sowieso nicht aus, um alle Wünsche zu erfüllen; dann fällt die Elternentscheidung über die Taschengeldhöhe nicht so schwer. In machen Fällen kommt es allerdings vor, dass Eltern sich verschulden, damit ihre Sprösslinge mit anderen mithalten können. Selbst wenn Geld kein Problem ist, sollten Kinder eine gute Erziehung bekommen, und dazu gehört, eine gewisse Sparsamkeit und gelegentlichen Verzicht zu akzeptieren.

Nach einer Umfrage geben vier Prozent der 12- bis 15-Jährigen an, dass ihre Produktwünsche sehr leicht erfüllt werden, während dies 27 Prozent für ziemlich leicht halten. Die Hälfte dieser Altersgruppe gibt an, dass ihre Wünsche nicht so leicht erfüllt werden, 15 Prozent haben es ziemlich schwer und drei Prozent sehr schwer, ihre materiellen Anliegen durchzusetzen.

Welche Folgen kann das Verhalten der Eltern haben?
Wenn Eltern die Produktwünsche der Kinder nicht so leicht erfüllen, ist das eine sehr gute Lernsituation für die Kids. Sie müssen nämlich mit ihren Eltern verhandeln, also für ihr Ziel Argumente liefern und dieses Ziel unter Umständen modifizieren. Auf diese Weise lernen sie Kompromissbereitschaft, eine Fähigkeit, die sie für das Leben in jeder Hinsicht bestens gebrauchen können.
Werden dagegen Produktwünsche überhaupt nicht oder sehr schwer erfüllt, kommt es zu großen Spannungen innerhalb der Familie, besonders wenn Eltern ihr Verhalten nicht begründen. Geld bekommt so einen viel zu hohen Stellenwert, weil kaum Wünsche erfüllt werden. Ein positiver Lerneffekt, was den Umgang mit Geld und Wünschen angeht, bleibt aus.
Auch wenn es für Kinder optimal erscheint, dass Eltern Produktwünsche immer oder sehr leicht erfüllen, tatsächlich lernen sie dabei überhaupt nichts. Sie müssen weder für ihre Ziele argumentieren noch kämpfen. Sie lernen weder Kompromisse zu schließen, noch über Geld zu reden und es einzuteilen. Dies ist die Verwöhnfalle, die fatale Auswirkungen im späteren Leben haben kann. Denn im Leben kann man nicht immer alles haben.

Besonders in Beziehungen wird der Symbolcharakter des Geldes deutlich.

Geld verschafft Ansehen

»Über Geld spricht man nicht« – dass und warum dieses Sprichwort nicht innerhalb der engsten Familie gelten darf, wurde bereits erläutert. Und auch, dass Kinder frühzeitig in die Wirtschaftsplanung der Familie einbezogen werden müssen. Denn nur von den Eltern können Heranwachsende den maßvollen Umgang mit Geld lernen.

Doch Eltern sollten sich vor Augen halten, dass Geld für unsere Kinder auf zwei Ebenen eine große Bedeutung hat:

1. Die reale wirtschaftliche Ebene, auf der die verfügbaren finanziellen Mittel die persönliche Lebensführung bestimmen.
2. Die zwischenmenschliche, persönliche Ebene, auf der mit Geld unterschiedliche Werthaltungen, Vorurteile und Ängste verknüpft sind.

Der zweite Punkt wird von den meisten, auch von vielen Erwachsenen, nicht wahrgenommen. Das kann dazu führen, dass das Thema Geld in der Familie tabuisiert wird. Vor allem in Familien mit wenig Geld sind unausgesprochene persönliche Ängste mit der finanziellen Lage verknüpft. Deshalb wird das Thema Geld oft vor den Sprösslingen nicht erwähnt. Wenn aber zu viel davon da ist, sprechen die Familien nicht darüber, weil die Anlageberater für die Geldeinteilung zuständig sind. Beide sehr konträre Verhaltensweisen sind falsch.

Haben Sie eigentlich schon einmal über die Bedeutung von Geld nachgedacht? Bitte lachen Sie jetzt nicht – es sind nicht die Gedanken gemeint, wie man mit dem vorhandenen Geld in diesem Monat am besten hinkommt oder wie man das Zuviel an Geld dieses Mal am besten anlegt. Es sind eher philosophische Gedanken gemeint, ohne die es aber nicht möglich ist, Gespräche mit unseren Kindern zu führen. Geld nimmt nämlich in unserer Leistungsgesellschaft einen hohen Stellenwert ein, und Geld verschafft uns nicht nur hohes Ansehen, sondern auch Selbstständigkeit und Unabhängigkeit.

Ein weiterer, nicht nur in den Großstädten wichtiger Aspekt ist es, »in« zu sein. Auch hier zählen nur sichtbare Werte. Wer immer nach dem neuesten Trend gekleidet ist, das teuerste Auto fährt, zu schicken Partys einlädt, wird bewundert und beneidet.

Geldgeklimper beeindruckt immer

Die Medien stellen bestimmte Personen als Leitbilder heraus, denen besonders die Jugendlichen nacheifern. So toll, reich, schick und berühmt wollen sie auch sein. Wer »in« ist, muss die richtigen Freunde haben, der richtigen Clique angehören und dort ein hohes Ansehen genießen. Die Mitgliedschaft in einer bestimmten Clique setzt aber oft voraus, dass genug Geld vorhanden ist, um mithalten zu können.
Geld wird in Deutschland als Eintrittskarte zu Freiheit und Lebensgenuss gesehen. Wer diesen Schlüssel in Händen hält, gilt als einflussreich, unabhängig und erfolgreich.

Bewertung des Ansehens

Die Macht der Clique. Die »peer groups« im Focus des Jugendmarketings, BRAVO/Heinrich Bauer Verlag

Eine Befragung von 12- bis 21-jährigen Jugendlichen hat diese Reihenfolge bei der Bewertung des Ansehens ergeben.

Die Umfrage zeigt, dass Geld selbst eigentlich gar nicht so wichtig ist, dass aber das Ansehen in der Clique oft mit einem dicken Geldbeutel verbunden ist.

Eltern können ihren Kindern durch das eigene Verhalten die richtigen Werte vermitteln. Aber das wird nur zum Teil gelingen – denn zugegeben: Wir leben den Kindern in unserem Tagesablauf schließlich oft genug vor, was wir ihnen nicht vermitteln wollen.
Dann aber sollte die Wertevermittlung zumindest im Gespräch mit den Kindern eine Rolle spielen. Wo aber sind die Gesprächsansätze, wie kann man einen Gedanken oder eine Aussage des Kindes aufgreifen?

Viel Geld bringt auch Nachteile

Der hohe Rang des Geldes und seine Wichtigkeit im Miteinander müssen relativiert werden. Alles hat zwei Seiten, auch das »In«-Sein. Verdeutlichen Sie Ihrem Kind, um welchen Preis dieses oberflächliche hohe Ansehen oft erworben werden muss. Vielleicht ist ihm ja selbst schon einmal der Vergleich mit Freunden, die mehr haben, auf die Nerven gegangen. Wenn der Druck der Clique und die Abhängigkeit von der Meinung anderer allzu groß ist, wird man dort niemals echte Freunde fürs ganze Leben finden. Das »In«-Sein ist immer kurzlebig und kein bleibender Wert!
Das Spannungsfeld zwischen Eltern und Kindern vergrößert sich jedoch, wenn die Wertevermittlung zu sehr mit erhobenem Zeigefinger erfolgt. Eltern müssen dem durchaus auch fortschrittlichen Wertewandel der heutigen Gesellschaft offen gegenüber stehen und sich gründlich damit auseinander setzen, statt ihn kategorisch abzulehnen.

Wertorientierung von Jugendlichen

Für nur neun Prozent aller Jugendlichen zwischen 14 und 19 Jahren steht eine konservative Lebensweise mit Ordnung, Fleiß und Gehorsam an erster Stelle. Dagegen gilt dies für 34,5 Prozent der Gesamtbevölkerung. Eine aufstiegsorientierte Lebensweise bevorzugen 37,1 Prozent der Jugendlichen und nur 23,8 Prozent der Gesamtbevölkerung. Dazu gehört, dass man

sich im Beruf hocharbeitet, Erfolge vorzeigen kann, Ansehen genießt, über Statussymbole verfügt und prestigeorientiert konsumiert.
Ein genussorientiertes Leben möchten 24,2 Prozent aller Jugendlichen führen, aber nur 10,1 Prozent der Gesamtbevölkerung. Die Faszination von Luxus, Konsum, Freiheit und Lebensgenuss wirkt eben besonders auf junge Leute.
Sehr viele Jugendliche haben also heute eine stärker auf Geld, Konsum und Karriere orientierte Lebenseinstellung. Häufig wird von »Spaßgesellschaft« gesprochen. Die Ausrichtung geht aber nicht nur auf Spaß allein, einige sind eher genuss-, andere mehr leistungsbetont.
Die Kids

- geben ihre Genussbetontheit offen zu,
- interessieren sich stark für neue Trends auf dem Markt,
- dürfen schon früh selbstständig über eigenes Geld und über die Anschaffung persönlicher Dinge entscheiden,
- versuchen die Eltern und die übrigen Familienmitglieder zu beeinflussen und vertreten ihre Meinung auch,
- sind eher selbstbewusst als autoritätsgläubig und pochen auf ihr demokratisches Mitspracherecht,
- lehnen bürgerliche Werte aber nicht unbedingt ab, wollen später auch heiraten und Nachwuchs bekommen.

Das Problem jedoch liegt darin, dass die Kids alles auf einmal wollen: Arbeit, Leistung, Geld, aber auch viel Freizeit, Genuss und Familie! Um ein ausgewogenes Verhältnis zwischen den jeweiligen Vorstellungen und Wünschen zu entwickeln, müssen von Anfang an Gespräche zwischen Eltern und Kindern erfolgen. Nur so kann eine Brücke zwischen den konservativeren Wertvorstellungen der Eltern zu den unkonventionellen Einstellungen der Kids geschlagen werden. Schon deshalb sollte versucht werden, immer wieder über die verschiedenen Standpunkte zu sprechen und Kompromisse zu schließen, mit denen beide Parteien leben können.

SCHLUSS MIT GELDPROBLEMEN

„Es gibt zwei Wege, um glücklich zu werden: Wir müssen entweder unsere Wünsche reduzieren oder unsere Mittel vergrößern – beide sind gleich geeignet. Das Resultat ist jeweils dasselbe. Jedermann muss sich selbst entscheiden und das tun, was ihm leichter fällt.“

Benjamin Franklin

Belohnungen und Geldstrafen

Taschengeld soll, so unser Ratschlag, kein Erziehungs- oder Druckmittel sein. In gewisser Hinsicht wäre das Kindern natürlich schon willkommen, zum Beispiel, wenn es für jede auch noch so kleine Hilfe im Haushalt schon eine finanzielle Belohnung gäbe. Oder für jede gute Note in einer Klassenarbeit.

Doch gute Schulleistungen sollten ebenso wenig belohnt werden wie der Beitrag zu den Gemeinschaftsaufgaben in der Familie. Denn gute Zensuren erbringen die Kinder nur für sich selbst. Das sollte ihnen auch frühzeitig klar gemacht werden. Geschwisterkinder zeigen beispielsweise sehr oft unterschiedliche Schulleistungen, weil sie eben unterschiedlich begabt sind. Wenn das eine Kind dann oft mit Geld für gute Noten belohnt wird, fühlt sich das andere Kind zurückgesetzt und auch schulisch demotiviert. Außerdem beginnen Kinder die eigenen Eltern auch auf diesem Gebiet mit denen ihrer Klassenkameraden zu vergleichen: »Warum bekommt Petra zwei Euro für eine Eins und ich nicht?« »Warum muss Peter nicht sein Zimmer aufräumen und auch nicht beim Rasenmähen helfen?«

Das Taschengeld ist der Lohn für die Übernahme von kleineren Pflichten.

Das sind Fragen, die uns Chancen zu Gesprächen eröffnen. Erklären Sie Ihrem Kind, dass mit zunehmendem Alter seine Rechte, aber auch die Pflichten und Verantwortungsbereiche wachsen. Nehmen Sie die Argumente der Kinder ernst. Erläutern Sie, dass das Elternhaus kein Hotel mit Dienstleistungsbetrieb ist, in dem nur Vater und Mutter ihren Pflichten nachgehen und Kinder nur Nutznießer sind, und dass sie etwas fürs Leben lernen, wenn sie Aufgaben übernehmen.

Wie viel und wie oft Kinder im Haushalt helfen sollen, müssen Eltern und Kinder gemeinsam festlegen. Motivationsfördernd ist sicherlich die Kombination von freiwilligen Arbeiten mit längeren Ausgehzeiten.
Taschengeld darf also keine Prämie für Wohlverhalten sein, die Eltern willkürlich kürzen können, wenn sich das Kind nicht nach ihren Vorstellungen benimmt. Das Kind bekommt sonst das Gefühl, dass es nur bei gutem Verhalten – das, was die Eltern darunter verstehen – zur Familie gehört, weil es nur dann am Familieneinkommen teilhaben darf.

Taschengeldentzug ist für das Kind Willkür!

Kleine Kinder, kleine Sorgen, große Kinder, große Sorgen! Es kommt mit zunehmendem Alter immer öfter vor, dass sich Eltern über ihren Nachwuchs ärgern, das gehört zum Erziehungsalltag! Da liegt es nur nahe, Grenzen zu setzen. Was aber ist, wenn reden alleine nichts nützt? Viele Eltern resignieren, bis schließlich auch die Eltern-Kind-Gespräche verstummen. Aus Verzweiflung darüber ständig ermahnen zu müssen, greifen Eltern oft zu einem der letzten Erziehungsmittel: Taschengeldkürzung! Das bleibt jedoch oft entweder nur eine Androhung oder wird in beliebiger Form durchgeführt. Das Kind ist somit der Willkür der Eltern ausgesetzt, die seinen Wirtschaftsplan völlig durcheinander wirbeln.
Zugegeben, es ist schwierig, sich andere Erziehungsmaßnahmen auszudenken. Aber auf Taschengeldentzug sollte verzichtet werden. Denn wir Eltern schaden uns damit letztlich selbst. Schließlich soll der Taschengeldhaushalt als Erziehungsinstrument die Kinder lebenstüchtig im Umgang mit Geld machen. Diese Absicht aber torpedieren wir mit dem Taschengeldentzug. Kinder müssen sich auf eine feste Taschengeldhöhe verlassen können, sonst können sie nicht wirtschaften. Setzen Sie also lieber Fernsehverbot, Entzug eines Lieblingsspielzeugs oder Ausgehverbot als Konsequenz auf ein Fehlverhalten ein, und verzichten Sie auf Taschengeldentzug.

Taschengeld wofür? – Das Kind bestimmt

Taschengeld ist Geld für die Tasche! Das bedeutet, dass Eltern mit Taschengeld keine Erziehungsziele erpressen dürfen. Auch wenn es ihnen gar nicht gefällt, dass die Tochter sich vom Taschengeld hochhackige Stiefel kauft oder der Sohn schon wieder ein Videospiel. Taschengeld muss den Kindern zur freien Verfügung stehen, Eltern dürfen sich in den Verwendungszweck nicht einmischen. Eltern sollten die Ausgaben ihrer Kinder auch nicht kontrollieren. Sie können Hilfe anbieten, wenn die Geldeinteilung nicht klappt. Kinder brauchen aber den Freiraum, mit eigenem Geld experimentieren zu können. Wenn Eltern die Verwendung bestimmen oder sogar Taschengeld beliebig kürzen, verhindert dies genauso die Selbstverantwortung und Entscheidungsfähigkeit wie ein unbegrenzter Reichtum an Geld für die eigene Tasche!

Entscheidungsfreiheit ermöglicht Selbstverantwortung

Es gibt einige elterliche Verhaltensweisen, die es Kindern schwer machen, die Freude am Umgang mit eigenem Geld zu entwickeln, beziehungsweise sie so einschränken, dass sie die Herausforderung nicht annehmen können.

Fordern die Eltern beispielsweise, dass Kinder über alle Einnahmen und Ausgaben Buch führen, und kontrollieren und bewerten sie die Ausgaben als sinnvoll und überflüssig, nehmen sie Kindern damit ihre Entscheidungsfreiheit. Erfahrungen, wie schön es ist, Geld auszugeben, aber auch wie schnell Geld ausgegeben ist, bleiben ihnen verwehrt, und sie lernen keine Eigenverantwortung. Sie verlieren die Lust am eigenen Geld und kommen aufgrund der strengen Elternkontrolle in Versuchung zu lügen. Grundsätzlich ist gegen Buchführung nichts einzuwenden, und Eltern können ihren Sprösslingen auch den Tipp geben, dies zu tun, aber nur als Kontrolle für sich selbst und nicht für die Eltern. Auch Bewertungen sollten unterbleiben, dann lernt ein Kind eigenverantwortliches Handeln mit allen positiven und negativen Konsequenzen.

Ausgaben, die notwendig sind, wie beispielsweise Schulsachen oder Fahrgeld, sollten vom Haushaltsgeld bezahlt oder durch ein höher bemessenes Taschengeld abgedeckt werden. Dem Kind sollte dabei noch genug unverplantes Geld übrig bleiben. Muss es sein Taschengeld komplett für Pflichtausgaben aufwenden, fühlt es sich überfordert und frustriert.

Den kindlichen Haushaltsplan respektieren

Genauso wie Kinder einen vernünftigen Umgang mit Konsum und Werbung von ihren Eltern lernen, erleben sie, wie Wünsche und Verpflichtungen wirtschaftlich eingeplant und Schritt für Schritt realisiert werden. Sie stellen nach dem Vorbild der Eltern einen eigenen Haushaltsplan auf mit festen monatlichen Sparbeträgen beispielsweise für ein Kickboard. Drohen die Eltern nun damit, das Taschengeld zu kürzen, oder kürzen sie es tatsächlich, sind die finanziellen Planungen der Kinder hinfällig. Sie fühlen sich abhängig und verlernen die Selbstständigkeit. Bei angedrohtem und nicht realisiertem Taschengeldentzug kommt hinzu, dass ein Kind den Respekt vor und das Vertrauen zu seinen Eltern verliert. Wird das Taschengeld tatsächlich gekürzt, besteht die Gefahr, dass Kinder sich das Geld bei Verwandten »erschnorren« oder anders »beschaffen«. Grundsätzlich gilt in der Erziehung: Nie mit etwas drohen, was dann nicht auch konsequent realisiert wird. Da jedoch Taschengeldkürzungen als Erziehungsmittel ausscheiden sollten, sollten andere »Druckmittel« eingesetzt werden wie z.B. Markenkleidung oder Handykarte streichen. Das hat erzieherische Wirkung, ohne dass dem Kind das Lernen rund um das Thema Geld erschwert wird.

Das ist mein Geld!

Wenn Kinder selbstständig mit ihrem Taschengeld umgehen dürfen

lernen sie, sich ihr Geld einzuteilen,

fühlen sie sich ernst genommen,

lernen sie an Dingen, die sie interessieren, den Wert des Geldes kennen,

erfahren sie, dass Geld sehr schnell weg sein kann, wenn man es unüberlegt ausgibt.

Wenn Kinder mutwillig etwas zerstört haben, sollte der Schaden vom Sparbuch der Kids bezahlt werden, nicht vom Geld für die Tasche!
Wie viel auf das Sparbuch eingezahlt oder auf andere Art und Weise gespart wird, entscheiden die Kinder. Elterliche Ratschläge sind erwünscht, aber ob ein Kind sich dann auch danach richtet, ist ganz allein seine Sache. Auf keinen Fall darf ihm vorgeschrieben werden, welchen Betrag es regelmäßig sparen muss. Das führt zum Verlust von Selbstständigkeit und Eigenverantwortlichkeit.

Erfahrungswerte

Bei Janina quillt der Badezimmerschrank mit Lippenstiften, Parfüm und Lidschatten über, für die Handykarte, das Kino und Schlittschuhlaufen bleibt nichts mehr übrig. Marco hat seit dem ersten Erscheinen der Pokémons schon hunderte Sammelkarten gekauft und kauft auch jede neue Trendserie immer weiter, obwohl er damit eigentlich nichts anfangen kann.

Kindliche »Fehlkäufe« gehören dazu. Werden sie verhindert, lernt das Kind nichts dazu.

So ein Verhalten ärgert Eltern natürlich, denn sie hoffen alle, dass die Kids ihr Taschengeld nur für (in ihren Augen) Sinnvolles ausgeben. Denken Sie aber bitte an die Regel, dass Taschengeld den Kindern zur freien Verfügung stehen muss, damit sie wirtschaften lernen. Das lernen sie nicht von heute auf morgen. Irgendwann wird Janina selbst erkennen, dass es eigentlich dumm ist, 23 rote Lippenstifte zu haben, wenn sie täglich nur einen benutzt. Marco wird sich darüber ärgern, dass ihm die vielen Pokémonkarten Platz im Schrank wegnehmen, wo er doch gar nicht damit spielt. Beide sehen mit der Zeit natürlich auch, dass

für andere nette Anschaffungen oder Annehmlichkeiten kein Geld mehr übrig bleibt. Dieser Lerneffekt stellt sich aber nur ein, wenn die Eltern und andere Verwandte kein Extrageld zustecken und nicht vorher Zwang ausüben. Irgendwann werden die beiden ihr Geld schon besser einteilen oder das Budget durch Nebenjobs aufbessern. Diese Einsicht stellt sich aber umso eher ein, je weniger Druck und Einmischung von den Eltern kommt. Sonst schalten die Kids nämlich nur auf stur und sagen zu Recht: Das ist meine/unsere Sache! Kinder wollen ja eigene Erfahrungen machen und auch ernst genommen werden.
Das heißt aber nun nicht, dass Eltern nur Gleichgültigkeit in puncto Taschengeld zeigen sollten. Hinführende Fragen können den Effekt des Lernens beschleunigen: »Janina, findest du es nicht schade, dass du schon seit sechs Monaten keine Handykarte mehr hast, obwohl ich dir ja die Hälfte dazuzahlen würde?« – »Marco, bedauerst du es eigentlich nicht, dass deine Eisenbahnanlage nicht größer wird, nur weil du dir ständig Pokémonkarten kaufst?«
Damit regen Sie die Kids zum Nachdenken an, ohne Vorschriften zu machen oder Druck auszuüben, der meist nur Trotz oder Gegendruck provoziert.

Kaufhausdiebstahl und Sachbeschädigungen

Davor haben die meisten Eltern Angst: Wenn sie erfahren, dass ihr Kind beim Stehlen erwischt wurde, oder sie merken, dass es aus dem elterlichen Portemonnaie etwas genommen hat, ohne vorher zu fragen. Warum stehlen Kinder manchmal? Psychologen nennen hierfür viele Gründe.
Kleine Kinder lernen oft erst im Vorschulalter, »mein und dein« zu unterscheiden. In diesem Alter stecken sie noch häufig im Supermarkt, bei Freunden oder Verwandten etwas ein, ohne zu fragen oder zu bezahlen. Das hat noch nichts mit Diebstahl oder dem Beginn einer kriminellen Karriere zu tun.

Bei Schulkindern wird es da schon ernster, weil sie bereits das Bewusstsein für fremdes Eigentum entwickelt haben und wissen, dass man es nicht einfach wegnehmen kann. Manchmal ist jedoch der Drang, den Konsum zu befriedigen, größer als die Angst, beim Klauen erwischt zu werden. Die Selbstdisziplin von Kindern und Jugendlichen wird ja auch aufgrund der bunten Produktfülle in den Supermärkten und Warenhäusern auf harte Proben gestellt.

Wenn Kaufhausdetektive oder die Eltern die Kinder beim »Mitgehenlassen« erwischen, ist »cool bleiben« die Devise. Schreien bringt nichts, auch wenn es aus Sicht der Eltern verständlich erscheint. Erklären Sie ruhig und gelassen, dass es sich um Dinge handelt, die dem Kaufhaus gehören und dass sie an der Kasse bezahlt werden müssen. Zu Hause sollte der Vorfall aber noch mal thematisiert werden, sonst wird es dem Kind zu leicht gemacht. Die Angst, es könnte sich um erste Anzeichen beginnender krimineller Energie handeln, ist unbegründet. Beinahe jedes Kind und auch jeder Erwachsener hat schon einmal etwas mitgehen lassen. Man denke nur an die vielen Bademäntel und Handtücher, die jedes Jahr aus den Badezimmern der Hotels verschwinden.

Für Jugendliche ist das Stehlen im Kaufhaus leider häufig eine Mutprobe, um in der Clique anerkannt zu werden. Es geht ihnen oft eher um das Abenteuer, das damit verbunden ist, und weniger darum, sich zu bereichern und Konsumwünsche zu befriedigen. Experten sprechen schon von Diebstahl als »Trendsportart«. Die Jugendlichen wissen, dass sie Unrechtes tun, können sich aber dem Gruppenzwang nicht entziehen. Hier handelt es sich um ein ernst zu nehmendes soziales, aber auch psychisches Problem: Die Jugendlichen leiden unter inneren Konflikten, stehlen sogar, um erwischt und bestraft zu werden. Häufen sich die Vorfälle, dann wollen die Kids auf sich aufmerksam machen, sie signalisieren damit, dass sie mehr Zeit und Zuwendung brauchen. Überforderte Eltern sollten hier psychologische Hilfe beanspruchen.

Gemeinsame Sache mit dem Kaufhaus

Auf keinen Fall dürfen Kinder und Jugendliche gestohlene Sachen behalten. Wenn die Gegenstände ohne Kommentar dem Kaufhauspersonal zurückgegeben werden, fühlt sich das Kind unter Umständen erniedrigt und lernt daraus, sich beim nächsten Mal nicht erwischen zu lassen. Sprechen Sie darüber, und fragen Sie das Kind wie es selbst die »Beute« zurückbringen möchte. Mögliche Formulierung könnte sein, dass es vergessen hat, etwas zu bezahlen. Sprechen Sie unbedingt vorher die Form der Rückgabe mit den Verantwortlichen im Kaufhaus ab! Wenn es um Verhinderung weiterer Diebstähle geht, wird jedes Kaufhaus gerne mit Eltern zusammenarbeiten. Die nachhaltige Wirkung des Lerneffekts überträgt sich nämlich auch auf Freunde. Die Bezahlung von »Diebesgut« sollte dann vom eigenen Taschengeld erfolgen. Auch wenn das Kind zum wiederholten Mal beim Klauen erwischt wird, bleiben Sie gelassen, und nehmen Sie lieber fachliche Hilfe in Anspruch, als sich zu willkürlichen Strafen hinreißen zu lassen, weil Sie keine Nerven mehr haben. Sie reagieren natürlich heftig, weil Stehlen nicht in Ihre Wertvorstellung von Ehrlichkeit und Anstand passt. Denken Sie auch daran, dass Ihr Kind vielleicht ganz einfach seine Wünsche nicht angemessen äußern kann oder sich einsam fühlt und Langeweile hat. Möglich ist auch, dass es sich in der Clique beliebt machen möchte, indem es die Beute verteilt. Auf alle Fälle sollten Sie Ihrem Kind deutlich machen, was Besitz bedeutet, damit nach dem Kaufhaus nicht auf einmal auch der Freund bestohlen wird. Wer bestohlen wird, fühlt sich in seiner Persönlichkeit verletzt.

Das Taschengeld aufbessern

Jobs findet man

über Eltern, Verwandte, Nachbarn, Freunde und Bekannte,

über Aushänge in Geschäften, Einkaufszentren und Sportstudios,

über Kleinanzeigen in lokalen Zeitungen, Wochen- oder Anzeigenblättern,

beim Schüler- und Studentendienst.

Selbst verursachte Sachschäden

Wenn Kinder Gegenstände kaputtgemacht oder etwas verwüstet haben, müssen die Eltern den Schaden oft ersetzen. Wenn Eltern ihre Aufsichtspflichten nicht verletzt haben (gilt nur für Kinder bis sechs Jahren), ersetzt die Haftpflichtversicherung den Schaden. Damit die Kinder beim nächsten Mal vorsichtiger sind, sollte ihnen das gar nicht erst erzählt werden, sonst könnte es heißen: Ist ja egal, was ich mache, die Versicherung zahlt ja alles!

Wurde versehentlich etwas kaputtgemacht, reicht es zunächst, wenn die Eltern für künftige Fälle zu größerer Vorsicht bitten. Wenn leichtsinnig, absichtlich oder in wiederholten Fällen etwas zerstört wurde, sollten die Eltern jedoch einen anderen Ton anschlagen und aufmerksam werden. Hier kann es sehr sinnvoll sein, dass Kinder auch einen angemessenen Anteil vom Taschengeld oder Ersparten opfern müssen, um den Schaden ganz oder anteilig zu ersetzen. Nur wenn es »ein bisschen weh tut«, lernen die Kids, anderes Eigentum zu schätzen und pfleglich zu behandeln.

Ratschläge ja – Einmischung nein

Kinder werden heute in körperlicher und geistiger Hinsicht viel früher erwachsen, dafür aber hält der Zustand der Jugend auch viel länger an als früher. So werden Mütter von heute auch schon mal für die Schwestern ihrer Töchter gehalten – vor 20 oder 30 Jahren wäre das kaum möglich gewesen wäre.

Mit dieser Verschiebung der Jugend verbunden ist aber auch eine frühzeitige Selbstständigkeit der Kinder. Sie entwickeln deutlich eher als in vorangegangenen Generationen ihren eigenen Lebensstil und orientieren sich in Sachen Mode und Freizeit stärker an ihren Altersgenossen als an ihren Eltern. In wirtschaftlichen Bereichen trauen sie den Eltern aber durchaus noch Kompetenz zu. Hier nehmen sie auch Ratschläge an – aber nur, wenn es keine Einmischung für sie ist.

Das richtige Maß zu treffen, wird umso schwieriger, je mehr Jugendliche eigenes Geld verdienen, ihren eigenen Haushalt führen, jedoch ohne wirtschaftlich ganz unabhängig von den Eltern zu sein. Solche Konflikte spitzen sich zu, wenn die finanzielle Abhängigkeit von den Eltern noch lange über den Zeitpunkt der Volljährigkeit hinausreicht. Die jungen Erwachsenen beanspruchen ihr Recht auf eigene Entscheidungen in finanziellen Angelegenheiten. Eigene Erfahrungen (und Fehler) werden aber weiterhin – zumindest teilweise – oft mit dem Geld der Eltern gemacht.

Hotel Mama – am liebsten zum Nulltarif

Auszubildende, die noch zu Hause wohnen, verdienen oft für ihre Verhältnisse schon relativ viel Geld. Die durchschnittliche Ausbildungsvergütung liegt bei ungefähr 500 Euro monatlich. Hier stellt sich für Eltern die Frage, wie viel Geld der Nachwuchs monatlich zum Haushalt beisteuern soll und ob überhaupt, wie viel er behalten darf, und in wieweit sie noch auf die Geldeinteilung Einfluss nehmen sollen. Die Kinder danach zu fragen, bringt meist wenig – denn das Hotel Mama gilt als Unterkunft zum Nulltarif.

Von der Ausbildungsvergütung sollte der Jugendliche aber in jedem Fall das eigene Taschengeld, Kosten für Kleidung, Körperpflege, Sport, Freizeit und Fahrtkosten übernehmen. Im Klartext: Er sollte nicht noch zur Ausbildungsvergütung von den Eltern Zuschüsse erhalten. Im Gegenteil ist es angemessen, auch einen Beitrag zu den allgemeinen Haushaltskosten zu leisten, schließlich wohnt der Jugendliche ja zu Hause und erhält zudem bequeme Dienstleistungen, für die er durchaus eine Gegenleistung erbringen kann. Wenn es die familiäre wirtschaftliche Situation erlaubt, oder wenn das Gehalt in der Ausbildung zu knapp ist, kann dieser Beitrag ja auch nur als eine eher symbolische Anerkennung gezahlt werden. Selbst ein kleiner Beitrag zur Haushaltskasse (zum Beispiel eine Telefonkostenpauschale) stärkt zudem das Selbstbewusstsein der

Jugendlichen, die jetzt zum Familieneinkommen beitragen können. Das ist die beste Vorbereitung dafür, in absehbarer Zeit Verantwortung für den eigenen Haushalt zu übernehmen.

Eigener Herd – Goldes wert

Auch wenn die Eltern zur Lebensführung noch etwas beisteuern oder die Miete für die Wohnung bezahlen, müssen Jugendliche mit eigenem Haushalt ihr Geld genau einteilen, um bis zum Monatsende damit auszukommen. Sie haben im Gegensatz zu den Auszubildenden, die im Haushalt der Eltern wohnen, viele verschiedene Kosten zu tragen. Außerdem müssen sie den Haushalt managen.

Am Anfang kann es sinnvoll sein, mit den Eltern einen Haushaltsplan aufzustellen, um einen Überblick über die festen Einnahmen und Ausgaben zu erhalten. Wie kann das verbleibende Geld eingeteilt werden, wenn die Fixkosten bezahlt sind? Wie können Extraausgaben finanziert werden, zum Beispiel Urlaub oder die Anschaffung eines Gebrauchtwagens? Sind Nebenjobs möglich, kann regelmäßig etwas von den festen Einnahmen gespart werden oder ist mit zusätzlichen Geldzuwendungen von Verwandten zu rechnen (Weihnachten, Geburtstag)? Der Haushaltsetat sollte dann aber nie bis auf den letzten Euro verplant werden, es kann immer zu unvorhergesehenen Ausgaben kommen, zum Beispiel für eine Autoreparatur oder für die Ausbildung selbst. Dafür können Volljährige zwar auch einen Kredit bei der Bank aufnehmen. Wenn dieses Thema aber zu schnell und zu locker angegangen wird, entsteht leicht die Gefahr der Überschuldung. Viele Banken und besonders die Spar-

Große Wünsche, kleiner Verdienst? Manche Schuldnerkarriere beginnt in der Jugend.

kassen drängen den jungen Leuten gerne Kredite auf, um sie dann zu »knebeln«.
Wenn die Eltern schon früher ihre Kinder gut beraten haben – ohne zu autoritär mit erhobenem Zeigefinger zu bestimmen oder zu befehlen, werden sie von den Jugendlichen auch als Auszubildende noch um Rat gefragt, zum Beispiel, ob eine Kreditaufnahme in jungen Jahren bei einem Einkommen von xy schon sinnvoll ist.

Familiäre Wirtschaftsplanung

Heranwachsende sollen wirtschaftlich und finanziell selbstständig werden. Hierzu müssen sie im Elternhaus langsam an das Thema Geld herangeführt werden.
Was aber heißt das für die tägliche Praxis? Für Eltern kann es beispielsweise die Aufforderung sein, mit Kindern und Jugendlichen gemeinsam einzukaufen und Preise zu vergleichen, gemeinsam zu entscheiden, ob Sonderangebote genutzt werden, und warum man die eine Ware kauft und die andere nicht, und schließlich zu besprechen, ob Markenartikel oder preiswertere No-Name-Produkte genommen werden. Spontaneinkäufe mit größeren Ausgaben sollten Eltern selbst einschränken, sonst übernehmen Kinder dieses Kaufverhalten schnell.
Nehmen Sie Ihre Kinder oft mit zu Banken und Sparkassen, und zeigen Sie ihnen altersentsprechend, wie man Überweisungen ausfüllt, Geld vom Konto abhebt oder einzahlt, Kontoauszüge ausdruckt
Diskutieren Sie größere Ausgaben und Anschaffungen gemeinsam im Familienrat, und planen Sie sie frühzeitig. Welches Produkt in welcher Preisklasse soll wo gekauft werden? Welche Firma wird mit Handwerksaufträgen bedacht, wie werden diese verglichen und die Preiswürdigkeit geprüft, Alternativen abgewogen?
Und ganz wichtig: Nehmen Sie die Argumente und Vorschläge der Kids ernst, und lassen Sie sie in die gemeinsamen Überle-

gungen einfließen. Erklären Sie den Kindern, warum ihre Vorschläge nicht in die Investitionsplanung übernommen werden können. Jedes Familienmitglied muss aber auch seinen eigenen Bereich haben, in dem es finanziell allein entscheidet.
Ein ganz entscheidender Punkt aber ist, mit Kindern das Thema Haushaltsgeld zu besprechen und zu beratschlagen, wie es eingeteilt wird. Falls ein Haushaltsbuch geführt wird, sollte man es den Kindern zeigen und besprechen. Vielleicht führen sie dann auch ein Taschengeldbuch?

MUSTER: MONATLICHER BUDGETPLAN FÜR JUGENDLICHE

Einnahmen in € (Position 1)	Feste Ausgaben in € (Position 2)	Variable Ausgaben in € (Position 3)
Taschengeld	Miete	Essen und Trinken
Nebenjobs	Nebenkosten	Ausgehen
Lohn/ Gehalt	Haushaltsbeitrag für Eltern	Zigaretten/ Genussmittel
Azubigehalt	Versicherungen	Kleidung
Sonstiges	KFZ/Mofa-Versicherungen, Steuern	Kosmetik/ Friseur
Zinsen	Aus-/Fortbildung	Hobbys
Geldgeschenke	Sportverein	Geschenke
	Rundfunkgebühr	Porto, Büromaterial
	Zeitschriften	Benzin
	Abonnements	Fahrgeld
	Telefon	Reparaturen
	Kreditraten	Kl. Anschaffungen
	Sparraten	Sonstiges
	Sonstiges	
= Summe	= Summe	= Summe
Einnahmen	**./. feste Ausgaben**	**./. variable Ausgaben**
= Betrag zur freien Verfügung oder Fehlbetrag		

Aus Verschuldung wird leicht Überschuldung!

Es ist für viele Erwachsene kaum vorstellbar, aber auch Jugendliche können schon in die Verschuldungsfalle tappen. Grund dafür kann z. B. ein »größenwahnsinniges« Konsumverhalten der Kids sein, das häufig von den Eltern vorgelebt wird. Dass offensichtlich viele Erwachsene keinen maßvollen Umgang mit Geld gelernt haben, zeigt die Zahl der überschuldeten deutschen Haushalte. Damit sind nicht die Haushalte gemeint, die Schulden haben, sondern diejenigen, die ihren Verpflichtungen (auch Kreditraten) aus den laufenden Einnahmen nicht mehr nachkommen können, weil ihnen sonst nichts mehr für den Lebensunterhalt übrig bleibt. Somit müssen Kredite aufgenommen werden, um die Schulden zu bezahlen, bis es irgendwann nicht mehr geht.
Die Bereitschaft zum Schuldenmachen und das Konsumverhalten schauen sich Jugendliche oft von den Eltern ab. In den Jahren 1999 und 2000 haben die sechs- bis siebzehnjährigen Jugendlichen ihre Spardosen und -konten um eine Milliarde Euro erleichtert, meistens für Computer, Videospiele, Mountainbikes, Handys und Handykarten.
Wenn die Eltern Autos, Handys und Videorekorder mieten oder leasen, statt vom Ersparten zu kaufen, prägt sich das bei den Kids als normal ein. Nach dem Motto »buy now, pay later« bestellen viele Erwachsene massenweise Artikel aus Versandhauskatalogen, auch wenn sie schon wissen, dass sie nicht alles bezahlen können oder nur in vielen Raten. Dieses Konsumverhalten prägt natürlich auch die Kids, die dann die Lebenseinstellung »erst mal konsumieren, später bezahlen« übernehmen.
Das Elternhaus ist jedoch nicht das einzige Vorbild. Die Situation der Kids definiert sich frühzeitig über Markenartikel und Freizeitverhalten. Manche geben aus Mangel an Zuwendung viel Geld für Frustkäufe aus oder geraten öfter in einen Kaufrausch, den sie kurz danach auch wieder bereuen. Das Geld aber ist dann futsch!

Ein frühes »Nein« bewahrt vor späten Folgen

Wenn Eltern sich nicht mit den überzogenen Konsumansprüchen des Nachwuchses auseinander setzen und nicht auch mal »Nein« sagen und den Geldhahn zudrehen, setzt sich der Konsumrausch bei den Erwachsenen fort.
Die Europäische Union hat das Problem erkannt und versucht, durch das neue Projekt »Aktion Schuldenkoffer« rechtzeitige Präventivmaßnahmen zu ergreifen. Hierzu soll künftig an den Schulen der vernünftige Umgang mit Geld gelehrt werden.
Eine Überschuldung droht besonders dann, wenn Kredite aufgenommen werden, die nicht mehr überblickt werden können. Meistens entsteht Überschuldung durch das Zusammentreffen mehrerer Ereignisse, zum Beispiel Arbeitslosigkeit, längere Krankheit, Unfall, Trennung oder Scheidung. Das sind äußere Faktoren, auf die der Betroffene wenig Einfluss hat.

Über die Verhältnisse gelebt?

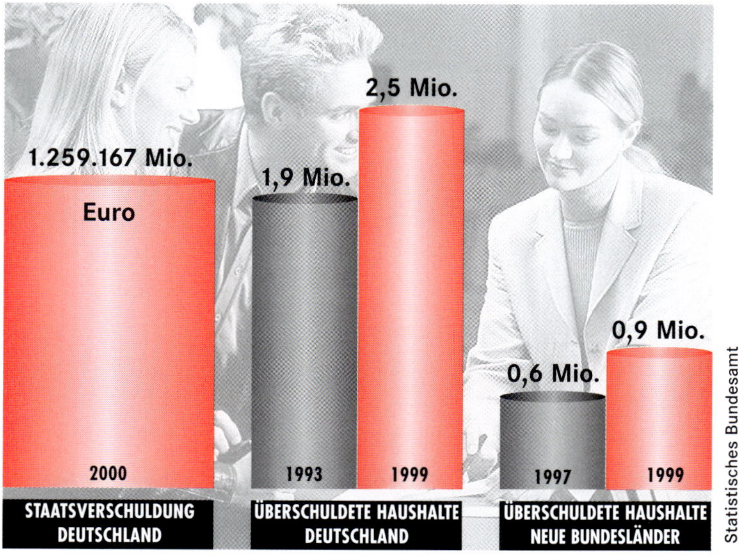

Das Verhältnis zu Geld und Schulden hat sich gewandelt. War es noch für unsere Eltern eine Schande, Schulden zu haben, sind Kredite, um den Lebensstandard zu halten, heute eine Art Kavaliersdelikt.

Es kommen jedoch oft Beweggründe hinzu, die im individuellen Charakter oder Verhalten liegen, und die eine Überschuldung auslösen können, zum Beispiel Unerfahrenheit, Gutgläubigkeit, Naivität, Gleichgültigkeit, Verschwendungs- und Vergnügungssucht.
Diesen Gefahren kann nur durch eine konsequente Erziehung in der Kindheit begegnet werden, aber eine hundertprozentige Garantie gibt es natürlich für keinen. Wenn Kinder und Jugendliche nicht frühzeitig lernen, ihre Wünsche und Bedürfnisse in Einklang mit ihren finanziellen Möglichkeiten zu bringen, kann schon aus normalem Konsum oder den höheren Kosten für eine Familiengründung eine finanziell nicht mehr tragbare Belastung werden. Dazu gehört auch, Reserven für Notfälle zu bilden und die durch Kredite entstehenden höheren monatlichen Belastungen richtig einzuschätzen.
Immerhin aber gibt es Zahlen, die hoffen lassen: Derzeit teilen ungefähr 73 Prozent der 12- bis 15-jährigen Jugendlichen ihr Taschengeld ein. 27 Prozent dagegen geben es einfach aus und sind dann irgendwann pleite.

Ziele der Gelderziehung

Auf den ersten Blick scheint klar zu sein, weshalb Kinder Taschengeld bekommen sollen, nämlich um souverän mit Geld umgehen zu können, sich ihrer Position und Rechte als Verbraucher bewusst zu sein und Geld in vernünftiger Weise zur Befriedigung ihrer Bedürfnisse einsetzen zu können. Aber was heißt das, ein »vernünftiger« Umgang mit Geld? Welche Normen sind damit verbunden? Untersuchungen zufolge gibt es zwei Positionen, zum einen das Erziehungs- und Bildungsprojekt der Erwachsenen, das zukunftsorientiert ist, und zum anderen das Unabhängigkeitsstreben der Kinder, das sich an der Gegenwart orientiert. Kinder möchten ihre Wünsche hier und jetzt erfüllt haben. Erwachsene möchten, dass ein Kind auf die sofortige Erfüllung seiner Wünsche zugunsten eines größeren Wunsches in der Zukunft verzichtet.

Denn sie wissen nicht, was sie tun

So einfach die Formulierung dieses Ziels in der Theorie auch ist, die Realität sieht anders aus. Das Konsumverhalten unterliegt nämlich den verschiedensten Einflüssen. Wer glaubt, seine Einkäufe nach streng verstandesmäßig ausgerichteten Maßstäben, also planvoll, zu tätigen, unterliegt einem Irrtum. Zu viele Informationen machen es unmöglich, sich wirklich eine Meinung bilden zu können. Also geht man letzten Endes doch subjektiv vor. Und genau das macht sich der Markt zunutze, indem er auf diese subjektiven Bedürfnisse mit Hilfe von Werbung zielt.

Wenn Eltern sich nicht bewusst sind, dass auch sie, so verantwortungsbewusst sie auch sein mögen, Käufe tätigen, die gefühlsmäßig motiviert sind, werden Kinder sich daran orientieren in dem Glauben, sich völlig »vernünftig« zu verhalten.

Wie groß die Gefahr ist, das Haushaltsbudget permanent überzustrapazieren, zeigen die vielen verschuldeten Privathaushalte, wo es offensichtlich ist, dass Eltern nicht rational, sondern irrational gehandelt haben (siehe Grafik auf S. 76).

Daher ist es nötig, dass auch Erwachsene immer wieder neue Informationen bekommen, was Geldangelegenheiten angeht. Wer sich nicht auskennt, macht Fehler, und das ist gerade in diesem Bereich existenziell verhängnisvoll.

Unterricht in Sachen »Geld«

Zumindest für Jugendliche gibt es erprobte Unterrichtsmodelle, die beispielsweise von der Stiftung Verbraucherinstitut, Berlin, und der Verbraucherzentrale Nordrhein-Westfalen entwickelt wurden:

- Stiftung Verbraucherinstitut (Hrsg.): Schuldenprävention. Eine Zukunftswerkstatt. Materialien für den handlungsorientierten Unterricht. Berlin o. J.
- Verbraucherzentrale Nordrhein-Westfalen e. V. (Hrsg.): Let's talk about debts! Vom Schuldenmachen, -haben und -loswerden. Düsseldorf o. J.

Diese Materialien vermitteln Jugendlichen die Mechanismen des Marktes, wie der Teufelskreis Konsum und Verschuldung zustande kommen kann und geben praktische Tipps zum Zahlungsverkehr.
Es wäre wünschenswert, wenn derartige Fortbildungsmaßnahmen auch für Erwachsene zur Verfügung stünden, denn nur informierte Eltern können ihr Wissen an Kinder weitergeben.

Selbstbeschränkung und Gesetze

Allerdings ist die Art und Weise, wie der Markt mit Hilfe psychologischer Tricks Menschen zum spontanen Konsum verleitet, fast schon kriminell. Um dies zu unterbinden, ist es wichtig, dass der Verbraucherschutz funktioniert, dass es gesetzliche Bestimmungen gibt, die den Verbraucher in seiner Position stärken. Und schließlich sollten sich die Anbieter von sich aus verantwortungsbewusst verhalten und mit Selbstkontrollen den Markt beschränken. Denn der Kreislauf von Konsum und Überschuldung wirkt sich am Ende auch gesamtwirtschaftlich aus und hat Konsequenzen, die den Markt schließlich lahm legen.

Wer wünscht sich nicht immer währendes Glück, wie es die Werbung verspricht?

Kinder und Jugendliche sind mit ihrem Taschengeld Wirtschaftspartner, Konsument, Bankkunde, Internetnutzer, noch bevor sie die komplizierten Zusammenhänge der Geldwirtschaft verstehen und sich dementsprechend verhalten können. Gelderziehung ist das eine, aber geeignete Maßnahmen der Verbraucherinformation und des Schutzes müssen verstärkt durchgesetzt werden. Hier sind auch Eltern aufgefordert, sich zu Wort zu melden und dem scheinbar übermächtigen Gegner Geldwirtschaft Paroli zu bieten.

DIE ROLLE DER BANKEN

„Wahre Wirtschaftlichkeit
ist das Gegenteil von bloßem
Sparen, Knausern und Verzichten.
Sie besteht vielmehr in der
Verhütung von Verschwendung,
in der Erhaltung aller Energien
und in der Abschaffung der
Schlamperei.“

Elbert Hubbard

Sparen und ausgeben

Mit zunehmendem Alter verändern sich auch die Sparziele von Kindern. Entsprechend des größeren Verantwortungsbewusstseins in Geldfragen verändern sich die Anforderungen an die Sparform.

Gerade im Hinblick auf die Bankgeschäfte ist wichtig, was bereits zur rechtlichen Stellung von Kindern und Jugendlichen erläutert wurde. Kinder unter sieben Jahren sind schließlich nach §§ 104 ff. BGB geschäftsunfähig. Das gilt auch für alle Geldgeschäfte. Sparbücher und Geldanlagen können nur von Erwachsenen für sie angelegt und verwaltet werden. Kinder in diesem Alter haben allerdings schon Geld in den Fingern. Sie dürfen davon nur Kleinigkeiten wie Zeitschriften oder Süßigkeiten kaufen.

BLITZÜBERSICHT ZU DEN BANKGESCHÄFTEN DES NACHWUCHSES

Kinder und Jugendliche dürfen	im Alter bis zu 7 Jahren	ab 7 Jahren
Mit Bargeld oder Giralgeld (bargeldlos)	Nichts	Handlungsfreiheit im Rahmen ihres Taschengeldes
Mit der Kundenkarte	Nichts	Geld abheben im festgelegten Rahmen bzw. innerhalb des Guthabens
Mit Sparguthaben	Nichts, auch nicht mit Zustimmung der Eltern	Abheben und einzahlen mit Zustimmung der Eltern oder im vorher festgelegten Rahmen
Bei Krediten und Ratengeschäften	Nichts	Nichts
Bei Verträgen	Nichts	Schwebend unwirksam bis zur Zustimmung der Eltern und des Vormundschaftsgerichts

Kinder und Jugendliche zwischen 7 und 18 Jahren sind nach §§ 106 ff. BGB beschränkt geschäftsfähig. Für alle Kaufentscheidungen und Verträge, auch für die Einrichtung eines Sparkontos und Sparvertrages, brauchen sie die Einwilligung ihrer gesetzlichen Vertreter. Die unten stehende Blitzübersicht stellt die Situation dar.

Welche Sparform für welches Alter?

Banken und Sparkassen helfen Kindern beim Sparen. Für kleinere Kinder bieten sie Spardosen an. Hier wird das Geld zunächst gesammelt und später auf ein Sparkonto eingezahlt oder ausgegeben. Mit zunehmendem Alter ändern sich die Bedürfnisse. Deshalb nimmt das Sparen in der Spardose ab, und die Kinder verfügen frei über das Geld oder zahlen es freiwillig auf ihr Sparbuch ein.

als Auszubildende unter 18 Jahren	als Selbstständige unter 18 Jahren (mit Ausnahmegenehmigung)
Freie Entscheidung im Rahmen ihres Einkommens, Eröffnung eines Gehaltskontos, Überweisungen im Zusammenhang mit dem Arbeitsverhältnis	Überweisungen im Rahmen des Geschäftsbetriebes
Einkommen darf innerhalb des Guthabens abgehoben werden	Geld darf vom Geschäftskonto abgehoben werden, ec-Karte mit Zustimmung des Vormundschaftsgerichtes
Abheben und einzahlen mit Zustimmung der Eltern oder im vorher festgelegten Rahmen	Darf selbst Geld aus dem Geschäft anlegen
Nichts	Kaum möglich
Lehrvertrag muss vom Eltern unterschrieben werden	Mit Ausnahmegenehmigung dürfen minderjährige Selbstständige selbst unterschreiben

Mit zunehmendem Alter dürfen die Kids also selbst über das Ersparte frei verfügen. Leider verfügen aber 37 % der 7- bis 15-Jährigen nicht über eine Spardose und sogar 51 % dieser Altersgruppe hat kein eigenes Sparkonto.

Das bevorzugte Sparen mit dem Sparbuch (dreimonatige Kündigungsfrist) hat große Vorteile, auch wenn nur kleine Beträge eingezahlt werden. Alle Ein- und Auszahlungen sowie Zinsgutschriften sind übersichtlich dargestellt. Das Kind lernt, dass auch kleine Beträge verzinst werden und sich das Vermögen somit vermehrt. Die Handhabung dieser Sparanlage ist sehr einfach, um das erste Sparen zu üben. Monatlich können bis rund 1.500 Euro ohne Zinsen und Kosten abgehoben werden. Also ermöglicht das Sparbuch einen Handlungsspielraum, der kaum ausgeschöpft werden dürfte.

Dennoch sollte der Nachwuchs darauf hingewiesen werden, dass ein Sparbuch mit dreimonatiger Kündigungsfrist allenfalls geeignet ist für

- das Sparen auf kurz- bis mittelfristige Ziele,
- Sparraten, auf die man sich nicht festlegen kann oder möchte, und
- unkomplizierten bzw. schnellen Geldzugriff.

Für den Anfang und für kleinere Beträge reicht das normale Sparbuch also aus, allerdings liegt die Guthabenverzinsung meistens nur zwischen eineinhalb bis zwei Prozent. Deshalb ist es durchaus sinnvoll, für höhere Sparziele und zur gezielten Anlage größerer Beträge gemeinsam mit den Kindern im Geldinstitut nach den Sondersparformen mit attraktiverer Verzinsung zu fragen.

Größere Beträge oder Einmalanlagen können mit einer höheren Sonderzinsvereinbarung für eine bestimmte Laufzeit festgelegt werden. Wenn regelmäßig (monatlich, vierteljährlich) angespart wird, gibt es auch höhere Zinsen und am Laufzeitende des Sparvertrages noch einen attraktiven Bonus. Diese langfristige Sparform wird gerne von Verwandten für den Nachwuchs gewählt.

Das Girokonto für Kids – was es kann und was nicht

Ein Girokonto dient im Normalfall nicht dazu, Geld anzusparen, dafür gibt es das Sparbuch oder Sparpläne. Ein normales Girokonto ist zum bargeldlosen Geldverkehr gedacht. Es gehen regelmäßige oder unregelmäßige Zahlungen ein und per Dauerauftrag, Überweisung oder Lastschrifteinzug aus. Das ist der bequemste Zahlungsweg. Alle Ein- und Ausgänge werden gebucht und mit dem jeweiligen Kontostand auf den Kontoauszügen ausgewiesen. So erhält der Kontoinhaber immer einen Überblick über sein Guthaben. Die Kontoauszüge werden gegen Portoersatz wöchentlich oder monatlich zugeschickt oder können kostenlos am Kontoauszugsdrucker abgerufen werden.

»Ich spare gern«

Art der Geldanlage	*Anteil Kinder und Jugendlicher 6–17 Jahre*
Taschengeldkonto	10 %
Girokonto	11 %
Sparbuch	81 %

Dazu gibt es aber auch von zahlreichen Geldinstituten Girokonten, auf denen von der ersten Mark an eine Guthabenverzinsung gewährt wird – ohne dass Mindestanlagezeiten einzuhalten sind.

Der Umgang mit einem Girokonto bringt für etwas ältere Kinder und Jugendliche einen guten Lerneffekt, weil er die Selbstständigkeit und das Selbstbewusstsein stärkt. Dies allerdings nur dann, wenn auch regelmäßige Geldeingänge erfolgen. Für Auszubildende ist ein Girokonto unverzichtbar, weil der Arbeitgeber das monatliche Gehalt nur dorthin überweisen kann. Ein Girokonto (auf Guthabenbasis) kann auch für minderjährige Schüler, die nebenbei jobben, unverzichtbar sein, wenn der Arbeitgeber den Lohn nicht bar auszahlen möchte.

Vorsicht bei Krediten an Minderjährige

Eine Girokontoeröffnung für Minderjährige und somit beschränkt Geschäftsfähige ist wie beim Sparbuch nur mit schriftlicher Zustimmung der gesetzlichen Vertreter möglich.

Haben geschiedene Eheleute gemeinsames Sorgerecht vereinbart, müssen beide Elternteile zustimmen. Das schützt den Minderjährigen gegen Verpflichtungen und rechtliche Nachteile, die er nicht überblicken kann (§§ 106 ff. BGB).

Bei der Kontoeröffnung können die Eltern (denn sie sind im Normalfall die gesetzlichen Vertreter) bestimmen, ob der Jugendliche mit seiner Unterschrift alleine über das Konto verfügen darf. Das ist in jedem Fall sinnvoll, damit der eigenverantwortliche Umgang mit Geld gelernt wird. Wenn Minderjährige mit Zustimmung der Eltern ein Ausbildungsverhältnis eingehen, dürfen sie alleine ein Gehaltskonto einrichten.

Girokonten für jüngere Kinder werden auch oft Taschengeld- oder Jeanskonten genannt. Sie werden bei Minderjährigen ausschließlich auf Guthabenbasis geführt, das Konto darf also nicht überzogen werden. Minderjährige dürfen ohne Zustim-

Wofür sparen Kinder und Jugendliche?

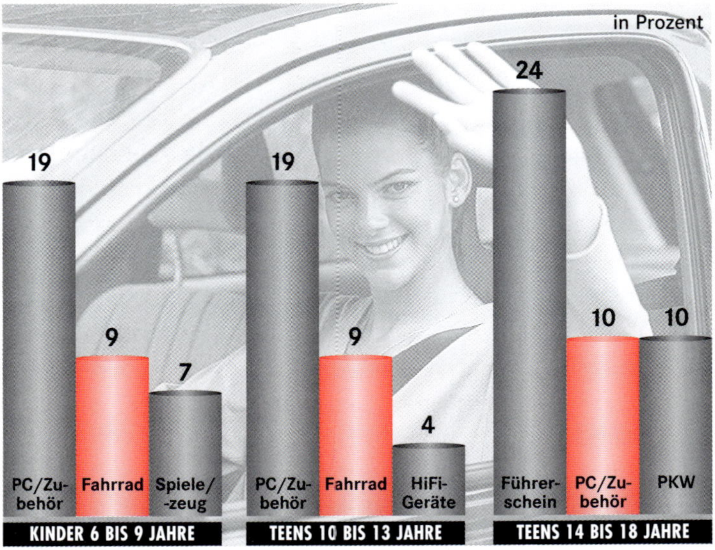

Kids Verbraucher Analyse (KVA) 2000 der Verlagsgruppe Bauer/Axel-Springer Verlag und Verlagsgruppe Lübbe

Für den PC wird bis zur Pubertät am meisten gespart, dann tritt der Wunsch nach Führerschein und PKW in den Vordergrund. Erfreulich ist, dass das Fahrrad, also Bewegung und frische Luft, so beliebt ist.

mung der Eltern und des Vormundschaftsgerichts ohnehin keine Kredite aufnehmen.
Wenn ein Kreditinstitut Minderjährigen dennoch einen Überziehungskredit einräumt, sind die Eltern nicht verpflichtet, das entstehende Minus auszugleichen. Der Gesetzgeber schützt somit Minderjährige vor der Verschuldung.

Die Kundenkarte – frei Fahrt in die Kreditwelt?

Bei Eröffnung eines Girokontos wird meistens auch eine Kundenkarte beantragt. Hiermit kann der Kontoinhaber nach Eintippen seiner persönlichen Geheimzahl Geld an institutseigenen Geldautomaten abheben, ohne dass er an die Schalteröffnungszeiten gebunden ist. Geldabhebungen sind bei Minderjährigen aber nur im Rahmen des jeweiligen Guthabens möglich, Kontoüberziehungen sind ausgeschlossen.
Volljährige dagegen erhalten die ec-Karte, die zugleich eine Kreditkarte darstellt, weil damit Kontoüberziehungen möglich sind – aber nur bis zum eingeräumten Dispositionsrahmen. Minderjährige erhalten eine ec-Karte nur mit Zustimmung der Eltern und des Vormundschaftsgerichts.
Mit der ec-Karte kann man an jedem Geldautomaten, häufig auch im Ausland, Geld abheben. Bei institutsfremden Automaten gegen eine Gebühr, die sich nach der Höhe des abgehobenen Geldbetrags richtet. Mit der ec-Karte kann fast überall bargeldlos gezahlt werden. Hat der junge Erwachsene aber keine vernünftige Geldverwaltung gelernt, kann er leicht den Überblick verlieren. Natürlich sollten auch Jugendliche darauf aufmerksam gemacht werden, dass die Geheimzahl für ec-Karte bzw. Kundenkarte niemals gemeinsam mit der Karte aufbewahrt werden darf, weil sonst auch Unbefugte damit Geld abheben können. So früh wie möglich schon sollten Kinder lernen, dass Geldkarten jeder Art so wertvoll sind wie Bares. Und ein Verlust der Karten muss der Bank sofort mitgeteilt werden, gegebenenfalls über die 24-Stunden-Hotline. Nur dann gehen unberechtigte Abhebungen zulasten des Geldinstituts.

Kontoüberziehungen und Dispositionskredite

Minderjährige, die schon ein regelmäßiges, eigenes Einkommen aus Nebenjobs oder einem Ausbildungsverhältnis haben, verlangen oft von der Bank die Einräumung eines Dispositionskredites, um einen größeren Finanzspielraum zu haben. Dies ist zwar bei Zustimmung von Eltern und Vormundschaftsgericht möglich – doch sind hier die Vor- und Nachteile gut gegeneinander abzuwägen.

Der Dispokredit für Minderjährige

Mit einem Dispokredit können Jugendliche einiges lernen. Allerdings birgt diese Form der freien Geldeinteilung auch einige Gefahren. Für einen Dispokredit spricht, dass dadurch ein leichteres Wirtschaften möglich ist, weil zum Beispiel Sonderangebote wahrgenommen werden können, durch die wiederum eingespart werden kann. Der Finanzspielraum ist also höher. Diesen Spielraum zu überblicken und ein eventuelles Minus schnell wieder auszugleichen, kann aber auch eine Überforderung darstellen. Der Dispokredit ist demnach ein Vertrauensvorschuss der Bank, und wer damit umgehen kann, festigt seine Selbstständigkeit und sein Selbstbewusstsein. Dennoch sollte der Dispokredit nicht zum teuren Dauerkredit werden. Die Zinsen und Kosten sind sehr hoch. Jugendliche müssen sich darüber im Klaren sein, dass ein Überziehungskredit nur kurzfristig genutzt sinnvoll ist.

Schließlich soll noch auf ein Problem hingewiesen werden, das in unserer konsumorientierten Gesellschaft zentral ist: die Versuchung, mehr Geld auszugeben, als man tatsächlich hat.

Ob die Eltern die Einräumung eines Dispokredits für ihr minderjähriges Kind befürworten, sollte von dessen Entwicklungsstand abhängig gemacht werden. Wenn der Jugendliche schon bisher einen verantwortungsvollen Umgang mit Geld gezeigt und nicht alles in der ersten Monatswoche ausgegeben hat, kann die Einräumung eines Dispos sicherlich den eigenverantwortlichen, selbstständigen Geldumgang fördern.

Volljährigkeit schützt nicht vor Fehlern

Sobald der Jugendliche volljährig wird, ist er als voll geschäftsfähige Person gesetzlich nicht mehr gegen Verschuldung geschützt. Er darf plötzlich alles ohne Einwilligung der Eltern, auch wenn das vielleicht noch nicht seinem persönlichen Entwicklungsstand entspricht. Es gibt 15-Jährige, die schon vernünftig mit Geld umgehen, andere können das auch mit 50 Jahren noch nicht.

Leider kann man sich auch nicht mehr darauf verlassen, dass die Kundenberater der Banken und Sparkassen (besonders bei Letzteren) die jungen Erwachsenen vernünftig und verantwortlich mit den vielen Möglichkeiten der Geldgeschäfte vertraut machen. Ihnen geht es vor allem um den Profit, daher werden jungen Erwachsenen auch gerne schon teure Dispositions- oder Ratenkredite »aufgedrängt«, ohne ihnen die nötige Anleitung zum Schutz vor späterer Überschuldung zu geben.

Finanzstarke Kids

Alter	*Sparen in der Spardose*	*Dürfen über Erspartes frei verfügen*
7–9 J.	73%	45%
10–12 J.	67%	76%
13–15 J.	47%	88%

Vielmehr muss der Jugendliche auch in Geld- und Bankangelegenheiten langsam in den Status des voll geschäftsfähigen Erwachsenen hineinwachsen. Leichter wird dies, wenn schon Minderjährige den Umgang mit Giro- und Sparkonten, Kundenkarte und Kontoauszügen lernen.

Finanzielle Starthilfen

Das Sparbuch zur Geburt, ein paar Investmentfondsanteile zur Taufe – solche Geschenke sind beliebt bei Großeltern oder Paten. Und die Kinder freuen sich später über das kleine Finanzpolster. Als Finanzhilfe für den Führerschein, den Kauf eines Autos, die erste Wohnungseinrichtung. Manche Eltern aber setzen die ersten Geldgeschenke gleich als Grundstein für

WAS BANKEN DEM NACHWUCHS NOCH ANBIETEN …	
Anlageform	**Geeignete Verwendung**
Sparbuch auf Namen der Kinder	Geldgeschenke und Inhalt der Spardose können dort für größere Anschaffungen gesammelt und verzinst werden
Jugendsparbuch	Erstes Sparbuch für Taschengeld für Kinder ab 6 Jahren, die selbst unterschreiben können
Girokonto	Gut für Schüler, die weiterführende Schulen besuchen (ab 10 Jahren)
Depot auf den Namen der Eltern mit Vertrag zugunsten des Kindes	Je nach Risikobereitschaft der Eltern für Wertpapier- oder Aktienanlage
Festgeld, Termingeld	Für die Einzahlung größerer Geldgeschenke
Investmentsparplan, Ratensparvertrag	Für die regelmäßige Einzahlung von Kindergeld oder Geld von den Großeltern
Ausbildungsversicherung	Kapitallebensversicherung auf das Leben von Vater oder Mutter, regelmäßige Einzahlung von Kindergeld oder Teilen davon
Aussteuerversicherung	Kapitallebensversicherung auf das Leben von Vater oder Mutter und des Kindes, regelmäßige Einzahlung von Kindergeld oder Teilen davon

... UND WAS DAVON ZU HALTEN IST

Vorteile	Nachteile
Unkompliziert, schnelle Verfügbarkeit	Zinssatz bei dreimonatiger Kündigungsfrist ist minimal
Mit Hilfe der Eltern gute Übung für Zahlenverständnis, unkomplizierte Anlage, schnelle Verfügbarkeit	Minimale Zinserträge
Gute Übung für den Umgang mit Geld, vermittelt Gefühl für Einnahmen und Ausgaben	Keine Zinserträge
Zusätzliche steuerliche Freigrenze für Kursgewinne und Freibetrag für Kapitalvermögen, wenn Depot auf den Namen des Kindes läuft, langfristig eine ertragreiche Anlage	Teure Kontoführung, zeit- und verwaltungsintensive Anlage, Risiko des Kursverlustes
Gute Zinssätze meistens schon ab 2.556 €, auch ohne lange Festlegung möglich	Verwaltungsintensiv, immer neue Zinssätze verhandeln
Höhere Rendite als Sparbuch, besonders beim Investmentsparen	Langfristige Anlage, keine kurzfristige Verfügbarkeit, kostenintensiv (Ausgabeaufschläge, Verwaltungskosten)
Bei Tod der versicherten Person läuft der Vertrag beitragsfrei weiter, gute Risikoabsicherung, wird bei Ausbildungsbeginn ausgezahlt	Langfristige Anlage, keine kurzfristige Verfügbarkeit, Ablaufleistung schwankt je nach Gesellschaft, steuerpflichtige Erträge bei vorzeitiger Auszahlung (Laufzeit weniger als 12 Jahre)
Auszahlung erst bei Heirat, spätestens zum 25. Geburtstag des Kindes. Bei Tod des Beitragszahlers läuft Vertrag beitragsfrei weiter	Langfristige Anlage, keine kurzfristige Verfügbarkeit, Ablaufleistung schwankt je nach Gesellschaft, steuerpflichtige Erträge bei vorzeitiger Auszahlung (Laufzeit weniger als 12 Jahre)

den strategischen Vermögensaufbau ihrer Kinder ein. Denn der Faktor Zeit lässt auch kleine Beträge zu großen Summen anwachsen. Und viel leichter, als man es glauben mag, lässt sich sogar ein ganz ehrgeizig klingendes Ziel erreichen: *mit kleinem Einsatz ein großes Vermögen aufbauen.*

Börsenfieber ist ansteckend. Viel schlimmer noch als eine normale Erkältung. Einige haben es zuletzt im Frühjahr 2000 erlebt. Plötzlich schossen da im Februar und März alle Kursbarometer an den deutschen Börsen in den Aktienhimmel. Manchmal nur innerhalb weniger Tage verdoppelten sich die Kurse von Internetwerten. Schön für die Anleger, die darauf gesetzt hatten. Und mancher, der es versäumt hatte, begann bereits, an seiner Kompetenz als Anlageberater der Kinder zu zweifeln.

Bloß gut für alle, die es nicht getan haben. Denn gerade im Jahr 2000 zeigte sich wieder mal, was der 1999 verstorbene Börsenaltmeister und Anlageprofi André Kostolany stets wiederholt hatte: »Die Börse ist keine Einbahnstraße.« Die Kurse brachen ein, viele der vorher hochgelobten Internetaktien verloren zwei Drittel ihres Wertes. Wer jedoch für seine Kinder Geld in Aktienfonds investiert hatte, vor allem in die auf Standardwerte ausgerichteten, blieb nahezu verschont. Woraus man schon einen Schluss ableiten kann: Wer für seine Kinder Vermögen als finanzielle Starthilfe für später aufbauen will, sollte lieber auf langsames, aber sicheres Wachstum setzen.

Viele Eltern sparen für ihre Kinder

Zwei Drittel aller Eltern (65,6 Prozent) legen nach einer Untersuchung der Zeitschrift »Familie & Co.« Geld für ihre Kinder auf die hohe Kante. Aber hohe Kante bedeutet noch lange nicht hohe Rendite: Nur jedes fünfte Elternpaar setzt beim Vermögensaufbau für die Kinder auf Aktien bzw. Aktienfonds. In fast 80 Prozent aller Familien jedoch werden als Anlageformen vor allem das Sparbuch, Sparverträge bei Banken mit regelmäßigen Einzahlungen oder Versicherungen gewählt. Ein eher traditioneller Weg, sein Geld zu sparen und zu vermehren.

Bei Aktienfonds hingegen waren bisher langfristig immer über zehn Prozent Rendite als Jahresertrag zu erzielen, auch wenn die Börsenkurse zwischenzeitlich mal einbrachen. Das kann keine andere Anlageform bieten. 51 Euro vom Kindergeld, ab der Geburt bis zum 18. Geburtstag in einen guten Fonds mit 14 Prozent Rendite eingezahlt, summieren sich bis zur Volljährigkeit auf rund 46.016 Euro – das eingezahlte Kapital von 11.044 Euro wird mehr als vervierfacht.

Wer seinen Kindern ein gutes Finanzpolster mitgeben möchte, das er selbst von seinen Eltern nicht bekommen hat, müsste nur das Geld ein bisschen anders verteilen.

Wie so eine geschickte Streuung des Vermögensaufbaus für die Kinder aussehen kann, zeigt folgendes Beispiel.

Vermögensaufbau mit Wohneigentum

In diesem Fall hatten die Eltern gleich nach der Geburt für jedes der beiden Kinder eine preiswerte Eigentumswohnung in der näheren Umgebung gekauft. Ein Luxus, den sich nur Superreiche erlauben können, möchte man denken. Aber das ist ein Irrtum. Viele machen sich bezüglich der Kosten ein falsches Bild. Denn wenn die Wohnung gut vermietet ist, lässt sich so ein Kauf praktisch ohne Eigenkapital finanzieren. Das wiederum bringt Steuervorteile, die man auch in die Finanzierung einbauen kann. Und am Ende bleibt zwar übers Jahr eine kleine Unterdeckung. Aber ein paar hundert Euro pro Jahr könnten viele dazulegen, wenn sie ein klein wenig anders kalkulieren. Denn das ist bestimmt weniger, als manche Eltern übers Jahr gesehen für ihre Kinder regelmäßig auf ein Sparbuch überweisen.

Aus wenig Geld mehr Geld zu machen, ist eine Frage des Köpfchens.

Folgende Überlegung steckt hinter diesem Modell: Die Kinder sollen mit 18 Jahren eine eigene und entschuldete kleine Wohnung besitzen. Ganz egal, ob sie dort selbst einziehen und am Ort eine Ausbildung machen oder vielleicht irgendwo anders studieren möchten. Dann können sie ihre Wohnung vermieten und von dem Geld eine Studentenbude bezahlen.
Wenn sich die Mieten und die Zinsen gut entwickeln, kann man eventuell nebenbei noch weitere Bausteine zur Vermögensbildung hinzunehmen. Wenn Vermietung und Steuervorteile zusammen mit der Zeit Überschüsse bringen, können sie zusammen mit dem Kindergeld in Lebensversicherungen sowie in Aktienfonds-Sparpläne eingezahlt werden.

Die richtigen Angebote

Schwierig ist es für die Eltern aber, unter den sich bietenden Möglichkeiten die richtige Auswahl zu treffen. Denn mehrfach hat zum Beispiel die Stiftung Warentest den Anlageberatern von Banken und Sparkassen eine schon fast erschreckende Inkompetenz attestiert und geradezu katastrophale Zeugnisse ausgestellt. Nur zwei von 25 getesteten Geldinstituten leisteten eine gute Beratung. Fazit für die gesamte Branche: Meistens wird ohne Rücksicht auf die Anlageziele und Interessen der Kunden einfach das verkauft, was der Bank am meisten dient. Sehr realitätsnah ist da die Frage im TV-Werbespot einer Direktbank: »Wenn Ihr Bankberater wirklich so gut ist – warum muss der dann noch arbeiten?«
Als Konsequenz der oft schlechten Qualität klassischer Bankberatung erhoffen sich Direktbanken und Finanzsites im World Wide Web noch mehr Aufschwung. Sie werben mit blitzschnellen, umfassenden und objektiven Informationsmöglichkeiten im Internet. Ist das Internet also einfach besser, der Bankberater ein Auslaufmodell? Nicht, wenn er seinen Job richtig macht. Die Schnelligkeit und Informationsfülle des Internets bietet zwar wesentliche Vorteile. Aber die kann eigent-

lich nur hoch spekulativ ausgerichtete Aktionäre glücklich machen. Außer heißen Tipps, die mal mehr, mal weniger stimmen, findet der Anleger im Netz jedoch kaum echte Beratung. Dazu gehört nämlich auch planvolle Vermögensstrukturierung und Risikostreuung und das bespricht man am besten persönlich mit einem Berater, dem man vertraut.

Professionelle Starthilfe für den Nachwuchs

Wer beim Vermögensaufbau für die Starthilfe seiner Kinder aber auf das von Profis bevorzugte Prinzip der drei Säulen mit Immobilien oder Immobilienfonds, Versicherungen und Aktienfonds setzt, kann aller Erfahrung nach kaum etwas verkehrt machen. Und gerade was die Auswahl von Aktienfonds angeht, sollte man besser nicht auf ausgefuchste Experten und gewiefte Börsenprofis hören.
Eine Untersuchung des Max-Planck-Instituts für Bildungsforschung in Berlin stellt ihnen ein wenig schmeichelhaftes Zeugnis aus. »Laien haben mehr Börsenerfolg als Experten«, lautet das Fazit der Forscher. Je weniger aktuelles Fachwissen der Anleger habe, desto eher treffe er aus dem Bauch heraus die richtigen Entscheidungen. Und gerade bei Investmentfonds, egal, ob das Geld der Anleger auf Immobilien, Aktien oder festverzinsliche Wertpapiere (Rentenfonds) gesetzt wird, gibt es eine unumstößliche Börsenregel: Ein Fonds, der in den Hitlisten über lange Zeiträume von 10 bis 20 Jahren auf den vordersten Plätzen liegt, auch übers Jahr noch besser als der Durchschnitt aller im DAX® zusammengefassten Aktien abschneidet, wird selten plötzlich schlecht.
Für den langfristigen Vermögensaufbau sind solche Fonds immer eine sichere Bank. Und damit sind sie auch die idealen Anlagen, wenn Eltern ihren Kindern ein Finanzpolster verschaffen wollen. Zumal man, wenn die Haushaltskasse mal gerade wieder arg strapaziert ist, auch ganz einfach mit Einzahlungen aussetzen kann – anders als bei klassischen Ratensparverträgen der Geldinstitute oder bei Versicherungen.

Vermögensaufbau nicht um jeden Preis

Niemand sollte jedoch ein schlechtes Gewissen haben, wenn er nur sehr wenig oder gar nichts für die Kinder zur Seite legen kann. Wenn die Finanzdecke dafür einfach zu dünn ist, ist es genauso wichtig, das Geld für ein schönes Zuhause und die Finanzierung einer angenehmen Kindheit auszugeben. Es wäre der falsche Weg, auf Biegen und Brechen etwas für die Zukunft der Kinder abzuzwacken und sich das Geld praktisch vom Mund abzusparen. Darunter leidet dann nämlich die ganze Familie und besonders die Kinder.

Die heutige Generation wird nämlich sowieso schon besser versorgt sein als jede andere vor ihr. Dafür sorgen schon Erbschaften mit kaum noch begreifbaren Summen. 2,2 Billionen Euro werden es in den Jahren bis 2010 sein – fast doppelt so viel wie im Jahrzehnt zuvor. Jedes Jahr wird annähernd dieselbe Summe vererbt, die dem Bundesfinanzminister für seinen gesamten Haushalt zur Verfügung steht. In diesem Jahr vererbt jeder Angehörige der abtretenden Gründergeneration durchschnittlich Vermögen im Werte von 163.613 Euro. Im Jahr 2010 werden es schon 293.686 Euro sein. Das jedenfalls geht aus einer vom Institut der Deutschen Wirtschaft veröffentlichten Studie hervor.

Viele Bolzplatzrabauken, Digimonsammler und Puppenmütter sind die Erben von morgen und werden sich dann über einen doppelten Geldsegen freuen können. Nicht nur über den, der von der jetzigen Elterngeneration auf die hohe Kante gelegt wurde, sondern auch über das von ihnen selbst geschaffene Vermögen.

Sparen für Kinder und Enkel

Werden von der Geburt bis zum 20. Geburtstag eines Kindes regelmäßig nur 26 Euro monatlich bei einem eher schlechten Zinssatz von sieben Prozent (Aktienfonds: etwa 12 bis 14 Prozent) angelegt, kann sich ein Kind bereits über ein stattliches Finanzpolster zum Start in das Erwachsenenleben freuen: Zu

seinem 20. Geburtstag sind die Einzahlungen von Eltern oder Großeltern mit Zins und Zinseszins auf einen Betrag von 13.275 Euro angewachsen. Genug für die erste Wohnungseinrichtung oder ein Auto. Noch besser käme es, wenn das Kind dieses Geld unangetastet bei demselben Zinssatz angelegt ließe. Dann müsste es sich in seinem Leben nie mehr um die Rente sorgen: Ihm stünden nur durch weitere Verzinsung zu seinem 65. Geburtstag über 250.000 Euro zur Verfügung.
Auch die Ausbildung kann durch regelmäßige Einzahlungen leicht finanziert werden. Überreichen die Eltern ihrem Kind z. B. mit 18 Jahren ein bis dahin aufgebautes Wertpapierdepot oder ein Sparbuch mit 50.000 Euro und wird dieser Betrag zu einem mittleren Zinssatz von sechs Prozent erneut angelegt, kann das Kind zehn Jahre lang 559 Euro pro Monat ausgeben.

Zum 18. Geburtstag ein Batzen Geld

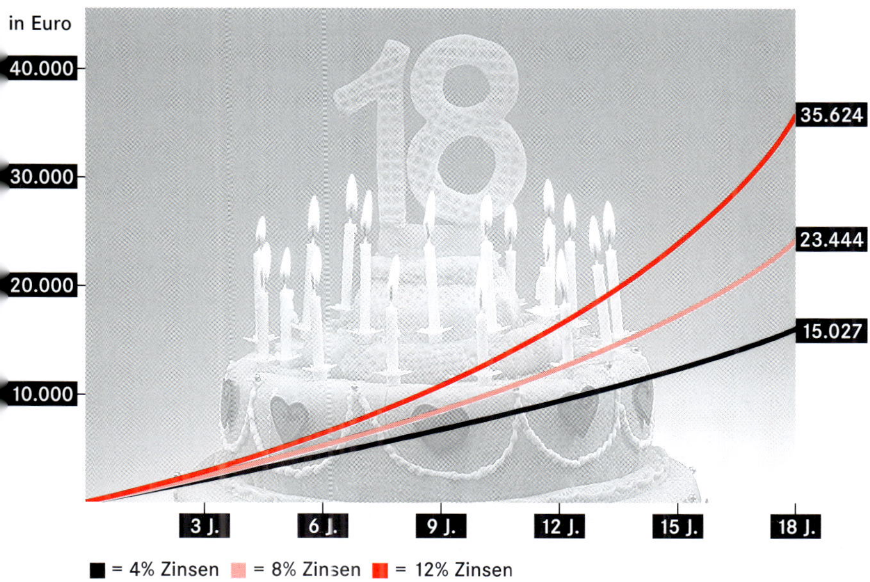

Die Übersicht zeigt die Verzinsung des eingezahlten Kapitals (10.800 Euro), wenn alle Erträge zum selben Zinssatz wieder angelegt werden und bis zum 18. Lebensjahr keine Entnahmen erfolgen.

Schutz durch Versicherungen

Oft werden Eltern Versicherungen angeboten, um für die Ausbildung ihrer Kinder vorzusorgen. Doch Verbraucherschützer kritisieren bei den meisten dieser Kapital bildenden Versicherungen die Undurchsichtigkeit der Geldverwendung. Es ist nicht klar erkennbar, welcher Anteil der regelmäßigen Prämienzahlungen tatsächlich zum Vermögensaufbau führt, Endbeträge sind nicht sicher kalkulierbar. Zusätzlich sind die oft hohen Abschluss- und Verwaltungskosten in der Kritik. Der Garantiezins für Kundengelder liegt außerdem bei nur 3,25 Prozent. Versicherungsvertreter dürfen ihren Kunden keine Renditen von mehr als sieben Prozent versprechen.

Der Todesfallschutz bei Versicherungen und damit die finanzielle Absicherung, wenn den Eltern etwas passiert, spricht zwar generell für Versicherungen und macht sie zu einer Mischform aus Risikoschutz und Sparvertrag. Verbraucherschützer und die Stiftung Warentest jedoch sehen darin nur bei sehr guten Versicherungen (siehe Tabelle) einen Vorteil. Bei den meisten Gesellschaften jedoch ist die Rendite zu gering. Da wäre es vorteilhafter und brächte im Normalfall fünfstellige Mehrerlöse, wenn nur eine Risikolebensversicherung für die Eltern und ein separater Sparplan, z. B. mit Investmentfonds, abgeschlossen würde. Die Prämien für Risikolebensversicherungen betragen im Schnitt nur ein Zehntel derjenigen für Kapitallebensversicherungen mit gleichem Todesfallschutz.

Spezielle Verträge für Kinder sind beispielsweise Ausbildungsversicherungen. Dabei handelt es sich um Kapitallebensversicherungen, die bei Tod von Mutter oder Vater beitragsfrei weiterlaufen. Zum Ausbildungsbeginn wird dann die Versicherungssumme (üblich: um 30.000 Euro) ausgezahlt. Die Aussteuerversicherung funktioniert ähnlich, läuft auch bei Tod des versicherten Elternteils (Hauptverdiener) beitragsfrei weiter und wird üblicherweise entweder zum 25. Geburtstag oder bei vorheriger Heirat ausgezahlt.

VERMÖGENSAUFBAU FÜR DIE KINDER – CHANCEN UND RISIKEN

Anlageform	Vorteile/Nachteile	langfr. Rendite*
Aktien	Hohe Rendite, nach einem Jahr steuerfreie Kursgewinne, Vermögen ist jederzeit verfügbar, hohe Gebühren, viel eigener Aufwand, Kurzzeitanlagen mit hohem Risiko, Vermögenswert ist zum Zeitpunkt des Geldbedarfs nicht abseh- oder planbar	über 12 %
Aktienfonds	Hohe Rendite, nach einem Jahr steuerfreie Kursgewinne, niedrigere Gebühren, gestreutes Risiko, regelmäßige Einzahlung in Sparpläne möglich, Vermögen ist jederzeit verfügbar, sichere Gewinne ab Anlagezeitraum zehn Jahre, Endvermögen nicht sicher kalkulierbar	über 12 %
Gemischte Fonds, Rentenfonds (festverz. Wertpapiere)	Hohe Rendite, Erträge zum Teil steuerpflichtig, begrenztes Risiko, Einzahlung in Sparpläne möglich, sichere Gewinne ab Anlagezeitraum fünf Jahre, Endvermögen nicht sicher kalkulierbar	um 9 %
Kapital bildende Versicherungen	Garantierte Mindestauszahlung, Absicherung von Todesfallrisiko der Eltern eingeschlossen, hohe Kosten für Verwaltung, Vermittler, Verpflichtung zu regelmäßigen Einzahlungen, vorzeitige Vertragsauflösung mit hohen Verlusten	5 bis 7 %
Ratensparen, Bonussparpläne	Kein Verlustrisiko, Endvermögen ist sicher kalkulierbar, keine hohen Renditen, Verpflichtung zu regelmäßigen Einzahlungen, keine Steuervorteile	nicht über 6 %
Normales Sparbuch	Kein Verlustrisiko, keine Mindest- oder regelmäßigen Einzahlungen, geringe Renditen, keine Steuervorteile	nicht über 3 %

* Vergangenheitswerte über 20 Jahre bis zum Jahr 2000, Quelle: Livingston-Research

GETRENNTE ELTERN, GETRENNTE KASSEN

Welche Ansprüche haben Kinder?

Hilfe durch Verwandte

Fragen zum Unterhaltsrecht

Rechtslage bei Unterhaltsstreitfällen

Seite 100–123

„Jede Generation hat ihren Tagesmarsch auf der Straße des Fortschritts zu vollenden. Eine Generation, die auf schon gewonnenem Grund wieder rückwärts schreitet, verdoppelt den Marsch für ihre Kinder.“

DAVID LLOYD GEORGE

Welche Ansprüche haben Kinder?

Die Trennung der Eltern ist für Kinder eine der schwersten Belastungen, die es gibt. Und es ist eine, der eine zunehmend größere Zahl von Kindern ausgesetzt ist. Mittlerweile scheitert jede dritte Ehe. Da wundert es nicht, dass in manchen Grundschulklassen bereits jedes zweite Kind nicht mehr in einer Familie mit beiden biologischen Elternteilen lebt.

Die Trennung allein ist bereits ein gravierender Einschnitt in das Leben gerade der Kinder. Wenn neben den emotionalen Auseinandersetzungen aber auch noch der Streit um Geld dazukommt, sind die Kinder immer mit betroffen. Selbst wenn die Eltern sich bemühen, die Kinder »aus der Schusslinie« zu halten, ist es für alle Beteiligten besser, die leidigen Geldfragen so sachlich wie möglich zu klären.

Bei verheirateten und zusammenlebenden Eltern wird der Unterhalt für die Kinder vom gemeinsamen Haushaltsgeld gezahlt. Alle notwendigen Ausgaben werden aus dem Familieneinkommen bestritten. Und dann geht es allenfalls mal um Fragen, was wirklich notwendig ist und was nicht. Bei getrennt lebenden Eltern existiert keine gemeinsame Haushaltskasse. Dann wird gestritten, wer für den Unterhalt zuständig ist, und vor allem darum, wie viel gezahlt werden muss.

Generell umfasst der Unterhalt für ein Kind Folgendes:

- Zum einen muss das Kind betreut, erzogen und seelisch versorgt werden. Das heißt: Kinder machen Arbeit.
- Zum anderen muss das Kind angezogen, ernährt und auch ansonsten finanziell unterhalten werden. Das heißt: Kinder kosten Geld.

Unterhaltspflichtig sind immer beide Elternteile oder Sorgeberechtigten. Solange sie zusammenleben, gibt es keinen Stress mit dem Kindesunterhalt. Anders ist es nach einer Trennung. Dann gibt es meist einen Elternteil, der sich tagein, tagaus um das Kind kümmert. Dieser Elternteil erfüllt den Unterhaltsanspruch des Kindes also durch Arbeit.

Der andere Elternteil sieht das Kind nur gelegentlich, hat also über die Besuche hinaus keine Arbeit mit ihm. Dieser andere Elternteil muss seinen Unterhalt in Bargeld aufbringen, er ist barunterhaltspflichtig.

So viel Geld braucht ein Kind

Wie viel Barunterhalt ein Kind mindestens braucht, wird seit dem 6. April 1998 durch die Regelbetragverordnung festgelegt (BGBl. I 1998, S. 668). Die Regelbetragverordnung gilt im Grundsatz nur für minderjährige Kinder, die mit den Eltern zusammenleben.

Die einzige Ausnahme vom Geltungsbereich sind Kinder, die schon während der Regelschulausbildung volljährig werden – kurz vor dem Abitur oder weil sie ein-, zweimal das Klassenziel nicht erreicht haben. Zusätzlich müssen sie bei den Eltern wohnen und dürfen nicht älter als 21 Jahre sein.

Diese Regelbeträge werden im Zweijahreszyklus an die Preisentwicklung angepasst, erstmals geschah dies zum 1. Juli 1999, § 1612a BGB. Man hat sie an die Steigerungsraten der gesetzlichen Rentenversicherung gekoppelt. Der unten stehenden Tabelle können die ab dem 1. Juli 1999 geltenden Beträge entnommen werden. (Ab dem 1.7. 2001 gültige Fassungen sind, sobald sie vorliegen, abrufbar im Internet unter www.suedwest-verlag.de – geben Sie nach dem Aufbau der Seite bitte in der Suchmaschine den Begriff »Unterhalt« ein.)

Regelbetragverordnung

Altersstufe	*Regelbedarf (West)*	*Regelbedarf (Ost)*
bis 6 Jahre	355,– DM	324,– DM
bis 12 Jahre	431,– DM	392,– DM
bis 18 Jahre	510,– DM	465,– DM

Eine wesentlicher Unterschied zu früher ist vor allem, dass jetzt auch nichteheliche Abkömmlinge einen dauerhaft festgesetzten Unterhalt verlangen können. Die Summe wird in Prozenten des Regelbetrags ausgedrückt. Mit jeder Erhöhung des Regelbetrags steigt dann automatisch der Unterhaltsanspruch.

Das hat den Vorteil, dass ein Familiengericht über den Unterhaltsanspruch im Prinzip nur einmal entscheiden muss, nämlich um den Prozentsatz gemäß Einkommen und Lebensstandard der Familie festzulegen.
Früher wurde von den nichtehelichen Kindern erwartet, dass sie alle paar Jahre aufs Neue vor Gericht ziehen, um ihren Unterhaltsanspruch an die geänderten Verhältnisse und ihren Bedarf anzupassen.

Die Düsseldorfer Tabelle: So wendet man sie an

Die Regelbetragverordnung enthält aber nur Angaben über die Mindestbeträge des Barunterhalts. Deshalb ist auch nach der Neuregelung des Unterhaltsrechts die Düsseldorfer Tabelle von großer Bedeutung. Sie geht weit über den Regelbetrag hinaus, weil hier das Einkommen des Unterhaltspflichtigen als Grundlage für die Berechnung verwendet wird.
Eigentlich handelt es sich bei der »Düsseldorfer Tabelle« nur um eine Vereinbarung verschiedener Familiengerichte. So kann es vorkommen, dass Kinder mit vergleichbaren Lebensumständen in verschiedenen Gerichtsbezirken durchaus verschiedene Unterhaltsansprüche zugesprochen bekommen. In den alten Bundesländern kann man davon ausgehen, dass die Düsseldorfer Tabelle so, wie sie im Folgenden abgedruckt ist, auch angewendet wird. In den neuen Bundesländern dagegen werden meistens niedrigere Sätze ausgeurteilt – sie können jetzt der so genannten Berliner Tabelle entnommen werden.
Will ein Amts- oder Landgericht von den Unterhaltssätzen der Tabelle abweichen, die das jeweils zuständige Oberlandesgericht festgelegt hat, müssen besondere Umstände vorliegen. Das Gleiche gilt natürlich erst recht für die Betroffenen: Will der Unterhaltspflichtige weniger zahlen, als in der Tabelle vorgesehen ist, muss er das ausführlich begründen. Verlangt dagegen der Unterhaltsberechtigte mehr als vorgesehen, muss er schon besondere Umstände behaupten und beweisen, dass er wirklich mehr Geld braucht, als ihm nach der Tabelle zusteht.

DIE »DÜSSELDORFER TABELLE« ZUM KINDESUNTERHALT BIS 30.6. 2001*

Unterhaltszahler		Kindesunterhalt				
Nettoeinkommen in DM	Bedarfs-kontroll-betrag	bis 5 Jahre	6 bis 11 Jahre	12 bis 17 Jahre	ab 18 Jahre	Prozent-satz***
bis 2.400	1.300/ 1.500 **	355	431	510	589	100 %
mehr als 2.400 bis 2.700	1.600	380	462	546	631	107 %
mehr als 2.700 bis 3.100	1.700	405	492	582	672	114 %
mehr als 3.100 bis 3.500	1.800	430	522	618	713	121 %
mehr als 3.500 bis 3.900	1.900	455	552	653	754	128 %
mehr als 3.900 bis 4.300	2.000	480	582	689	796	135 %
mehr als 4.300 bis 4.700	2.100	505	613	725	837	142 %
mehr als 4.700 bis 5.100	2.200	533	647	765	884	150 %
mehr als 5.100 bis 5.800	2.350	568	690	816	943	160 %
mehr als 5.800 bis 6.500	2.500	604	733	867	1.002	170 %
mehr als 6.500 bis 7.200	2.650	639	776	918	1.061	180 %
mehr als 7.200 bis 8.000	2.800	675	819	969	1.120	190 %
mehr als 8000	n. Einzelfallentscheidung des Gerichts o. privater Vereinbarung					

* Ab dem 1.7. 2001 gültige Fassungen sind, sobald sie vorliegen, abrufbar im Internet unter www.suedwest-verlag.de – geben Sie nach dem Aufbau der Seite bitte in der Suchmaschine den Begriff »Unterhalt« ein.

** Der Kontrollbetrag gibt an, welcher Betrag dem Unterhaltszahler selbst mindestens zum Leben bleiben soll, 1300 DM gelten nur für nicht berufstätige Unterhaltszahler (z.B. Bezieher von Arbeitslosengeld).

***Prozent des Regelsatzes.

Wie man mit den Tabellen arbeitet

Mit der Tabellenspalte »Nettoeinkommen« ist der Betrag gemeint, der dem unterhaltspflichtigen Elternteil nach Abzug der Steuern verbleibt. Anders als vor dem Finanzamt können beispielsweise die Aufwendungen für Sozialversicherungen und andere regelmäßige Lasten nicht abgezogen werden. Das eigene »Fleisch und Blut« darf vom berufstätigen Elternteil nämlich erwarten, dass es buchstäblich sein letztes Hemd für den Nachwuchs opfert. Die sonst üblichen Pfändungsfreigrenzen gelten hier nicht.

Beim Nettoeinkommen werden nur berufsbedingte Aufwendungen berücksichtigt. Das geschieht normalerweise in Form einer Pauschale von fünf Prozent des Einkommens. Sind die Aufwendungen höher, müssen sie einzeln nachgewiesen werden. Billiger als oben aufgelistet kommt der Unterhaltspflichtige weg, wenn das Kind bereits ein eigenes Einkommen hat. So wird beispielsweise eine Ausbildungsvergütung zum Teil angerechnet. Dem Azubi müssen von seinem Lohn jedoch mindestens 75 Euro verbleiben, alles andere steht den Eltern für Kost und Logis zu. Das gilt natürlich nur, solange das Kind noch zu Hause wohnt.

Ist das Einkommen eines Kindes hoch, mindert das seinen Unterhaltsbedarf.

Klar ist jedenfalls, dass die Beträge der »Düsseldorfer Tabelle« nur für eine deutsche Normalfamilie mit bis zu zwei Kindern gelten können, sonst bliebe dem Unterhaltspflichtigen ja nicht einmal mehr genug Geld übrig, um sich eine Luftmatratze im Sozialamt zu mieten. Es muss nach der Unterhaltszahlung ein Rest übrig bleiben. Dieser Rest wird von der »Düsseldorfer Tabelle« »Bedarfskontrollbetrag« genannt. In der Übersicht auf S. 105 ist es die zweite Spalte von links.

Kinder haben auch während der Ausbildung zum Teil noch Anspruch auf Unterhalt. Weil gerade mit zunehmendem Alter die Kosten steigen, sollten hier die Möglichkeiten der staatlichen Förderung geprüft werden. Dies betrifft vor allem den Unterhalt für volljährige Kinder, die sich in der Ausbildung befinden und nicht zu Hause wohnen. Unter Umständen hat das Kind dann einen Anspruch auf Leistungen nach dem Bundesausbildungsförderungsgesetz (BAföG). Soweit das Kind BAföG-Leistungen erhält, geht der Unterhaltsanspruch des Kindes auf die BAföG-Stelle über.

Vor allem wenn die vorhandenen Mittel knapp sind, ist es umso wichtiger, die besten finanziellen Regelungen zum Wohl der Kinder zu finden.

Arbeitslos ist nicht gleich arbeitslos

Für den Unterhaltspflichtigen hat der Kontrollbetrag aus der »Düsseldorfer Tabelle« den Vorteil, dass es sich trotz hoher Belastung noch auszahlt, weiter arbeiten zu gehen und mehr Geld zu verdienen. Denn mit dem Nettoeinkommen steigt nicht nur die Unterhaltslast, sondern auch die Summe, die man für sich beanspruchen kann. Nur eben nicht ganz so schnell wie ohne die Unterhaltszahlungen. Außerdem wird die absichtliche Reduzierung des Einkommens von den Gerichten hart bestraft. Auch wenn man das Gefühl hat, nur für die Exfamilie zu schuften, darf man nicht einfach seine Arbeit hinschmeißen. Dann wird nämlich der Unterhalt trotzdem auf Grundlage des ehemaligen Einkommens berechnet. Und wenn das Bargeld fehlt, wird gepfändet. Der Rest häuft sich als Schuldenberg an.

Was ist aber, wenn der Unterhaltspflichtige ohne eigene Schuld seinen Job verliert oder schon vor der Trennung arbeitslos war?

Wer Arbeitslosengeld bezieht, bleibt weiterhin unterhaltspflichtig, wer Arbeitslosenhilfe bekommt dagegen nicht. Arbeitslosenhilfe ist nämlich eine Sozialleistung. Man geht davon aus, dass sie nur in dem Maße gewährt wird, wie es dem Be-

darf des Empfängers entspricht – Arbeitslosenhilfe deckt sozusagen gerade den Selbstbehalt. Reicht das Arbeitslosengeld nicht für alle unterhaltsberechtigten Kinder, wird der verfügbare Betrag möglichst gerecht auf alle Sprösslinge verteilt. Das kann zu komplizierten Berechnungen führen, aber das knobeln die Juristen mit einem Taschenrechner aus.
Muss zusätzlich neben den Kindern auch ein Exgatte unterhalten werden, versucht man den angemessenen Kindesunterhalt dadurch zu finden, dass man die Sätze aus einer niedrigeren Einkommensklasse anwendet. Lässt die Summe aller Unterhaltspflichten dann immer noch weniger übrig als im Kontrollbetrag vorgesehen ist, geht's eine weitere Stufe runter – und zwar so lange, bis der zum Einkommen passende Kontrollbetrag nicht mehr überschritten wird.

Hilfe durch Verwandte

Dass sich Verwandte und Eheleute, Eltern und Kinder in Notlagen gegenseitig helfen, ist normalerweise eine Selbstverständlichkeit. Ist die Familie jedoch zerrüttet und zerstritten, denkt keiner mehr daran, dem anderen zu helfen. Dann kennen viele »keine Verwandten« mehr.
Doch spätestens wenn der Bedürftige zum Sozialamt geht, um »Hilfe in besonderen Lebenslagen« zu beantragen, ist es damit vorbei. Plötzlich sehen sich die Angehörigen einem verhältnismäßig uneinsichtigen Gegner gegenüber, der in Unterhaltsfragen völlig emotionslos Zwangsmaßnahmen ergreift, wenn nicht gezahlt wird. Und dann werden die Verwandten zur Kasse gebeten, ob es ihnen passt oder nicht.
Irgendwann kommt die Leistungsfähigkeit eines Unterhaltspflichtigen an ihre Grenze. Es gibt etliche Fälle, in denen nicht alle Bedürftigen aus der Familie mit dem versorgt werden können, was sie in der Not brauchen. Die Gesetze versuchen, für diese Einzelfälle allgemeine Regeln aufzustellen, damit man sich verbindlich darauf einrichten kann.

Grundsätzlich sind Verwandte in gerader Linie verpflichtet, einander bei Bedarf Unterhalt zu gewähren. Das heißt, die Eltern müssen Not leidende Kinder, Kinder ihre Not leidenden Eltern unterstützen (§§ 1601, 1602 BGB). Auf die Großeltern kann jedoch nur zurückgegriffen werden, wenn der in Not Geratene keine eigenen Kinder und keine Eltern mehr hat, oder diese nicht in der Lage sind, Unterhalt zu zahlen (§§ 1606 Abs. 1, 1607 BGB).

Für diese Unterhaltspflichten lassen sich folgende Faustregeln erstellen:

- Eltern zahlen für Not leidende Kinder, Kinder zahlen für Not leidende Eltern, § 1601 BGB.
- Unter mehreren Verwandten zahlen die näheren, bei gleich nah Verwandten zahlen alle – und zwar anteilig nach ihrer jeweiligen wirtschaftlichen Leistungsfähigkeit (§ 1606 Abs. 2, 3 BGB).
- Man muss nur so viel zahlen, dass ein angemessener eigener Lebensunterhalt noch möglich bleibt (Ausnahme: Eltern gegenüber minderjährigen und unverheirateten Kindern) (§ 1603 BGB).
- Kann der unterhaltspflichtige Verwandte nicht zahlen, ohne dadurch seinen eigenen Lebensunterhalt zu gefährden, muss der rangnächste Verwandte einspringen (§ 1607 BGB).

Mit Taschengeld lernen

Die Wertigkeit des Geldes.

Kritische Einstellung zum Konsum.

Balance zwischen Sparen und Ausgeben.

Unterschied zwischen Geiz, Verschwendung und maßvoller Geldausgabe.

Bevor jedoch die Verwandten zur Kasse gebeten werden, ist zunächst einmal der Ehegatte des oder der Bedürftigen an der Reihe (§ 1608 BGB). Solange der Ehegatte ohne Gefahr für seine eigene Existenz den nötigen Unterhalt zahlen kann, bleiben die Verwandten aus der Schusslinie. Geht es ihm allerdings genauso dreckig wie seinem Not leidenden Partner, bleibt er fürs Erste von der Unterhaltspflicht verschont, und die Verwandten müssen »bluten«.

Wenn das Einkommen zu niedrig ist

Wie wir gesehen haben, gibt es viele Gründe, dass jemand zum Unterhalt für seine Kinder, den anderen Elternteil und gegen Enkel oder Eltern verpflichtet werden kann. Irgendwann ist aber eine Grenze erreicht, und das verfügbare Einkommen reicht vielleicht nicht mehr für alle Unterhaltsberechtigten aus. Dann muss nur so viel gezahlt werden, wie man es sich leisten kann, und zwar nach einer bestimmten Rangfolge. Gibt es Unterhaltspflichten im Rang 1, dann gehen die folgenden Ränge leer aus – sofern das Einkommen nicht für alle reicht. Im Einzelnen sieht die Unterhaltsrangfolge so aus:

1. Die eigenen, minderjährigen und unverheirateten Kinder. Auf dieser höchsten Stufe steht auch der Ehegatte.
2. Nach einer Scheidung oder Annullierung der Ehe rutscht der Expartner auf Rang 2.
3. Es folgen die anderen Kinder, also die volljährigen oder verheirateten.
4. Weiter geht's mit den Enkeln und Urenkeln.
5. Schließlich sind die eigenen Eltern, Großeltern und andere Verwandte der aufsteigenden Linie an der Reihe. Dabei gehen die näheren Verwandten den entfernteren vor.

Die Frage, ob die Einkünfte für alle Unterhaltsberechtigten ausreichen oder nicht, ist unter anderem von der Art der Unterhaltspflicht abhängig. Denn je tiefer die Unterhaltsberechtigten auf dieser Rangfolge stehen, desto höher ist der angemessene Selbstbehalt für den Unterhaltspflichtigen. Wie hoch er bei Unterhaltspflicht gegenüber minderjährigen, unverheirateten Kindern ist, können Sie in der »Düsseldorfer Tabelle« in der Rubrik »Bedarfskontrollbetrag« nachlesen (S. 105).

Auch hier gilt, dass keiner seinen Unterhaltspflichten dadurch entkommen kann, dass er seinen Job aufgibt, oder sich so verhält, dass sein verfügbares Einkommen plötzlich sinkt. Die Gerichte gehen von dem aus, was vorher verdient wurde – sie unterstellen dem Unterhaltspflichtigen ein »fiktives«, dauerhaftes Einkommen und bemessen den Unterhalt daran. Auch wenn vom »realen« Einkommen Unterhalt in dieser Höhe gar nicht geleistet werden kann, die nicht gezahlten Beträge häufen sich als Schuld an.

Fragen zum Unterhaltsrecht

Etwa jedes dritte Kind bzw. jeder dritte Jugendliche unter 18 (rund 5,5 Millionen) und auch Volljährige, die noch in der Ausbildung stehen, haben Unterhaltsansprüche. Mittlerweile gibt es auch keinen Unterschied mehr zwischen unehelich geborenen Kindern und Kindern aus geschiedenen Ehen. Und ausgerechnet die Ehen mit Kindern zerbrechen häufiger als andere. Die sich daraus ergebenden häufigsten Fragen haben wir, weil das Gesetz in so klarer Form keine Erklärungen bietet, hier in Kurzform beantwortet.

Wo geht das Geld hin?

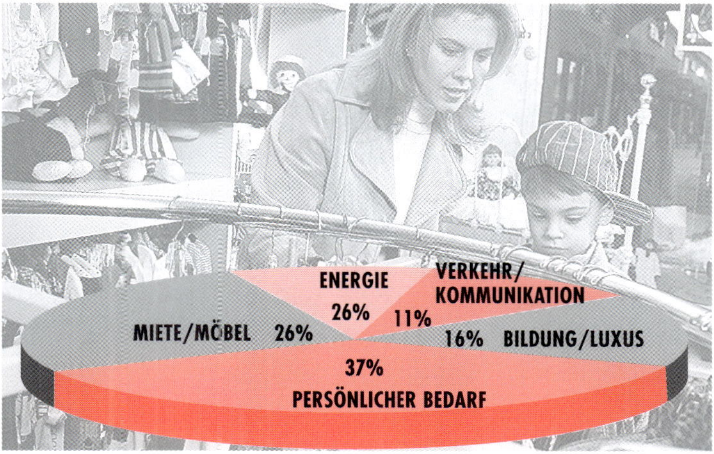

Persönlicher Bedarf = Nahrungsmittel, Getränke, Tabak + Kleidung, Schuhe + Gesundheit, Körperpflege.
Bildung/Luxus = Bildung, Unterhaltung, Freizeit + Uhren, Schmuck, Reisen

Das Statistische Bundesamt hat errechnet, dass für ein Kind 499 Euro pro Monat aufgewendet werden, und Experten haben die prozentuale Verteilung dieses Gesamtbetrags ermittelt.

Wie lange muss gezahlt werden?

Bis das Kind eine Ausbildung abgeschlossen hat, z. B. eine Lehre. Aber will es nach der Lehre in seinem Ausbildungsberuf noch weiterkommen, Fachhochschule oder Studium anschließen, muss weiter gezahlt werden. Beispiele: Fürs Ingenieurstudium nach einer handwerklichen Lehre müssen die Eltern zahlen. Das gilt als ein Ausbildungsgang, weil das Studium auf der Lehre aufbaut. Macht ein Kind jedoch erst eine Bäckerlehre, und will es sich dann noch zum Goldschmied ausbilden lassen, gibt's keinen Unterhalt mehr. Für Studierende oder Kinder, die nicht bei den Eltern oder einem Elternteil wohnen, beträgt der angemessene Gesamtunterhaltsbedarf rund 600 Euro monatlich. Den müssen beide Eltern entsprechend ihres Einkommens anteilig aufbringen.

Kindergeld pro Monat

Für das erste und zweite Kind jeweils 138 Euro.

Für das dritte Kind 154 Euro.

Für das vierte und jedes weitere Kind jeweils 179 Euro.

Für ein körperlich, geistig oder seelisch behindertes, volljähriges Kind, das durch Eingliederungshilfe vollstationär untergebracht ist, 16 Euro.

Wann muss Unterhalt automatisch angepasst werden?

Nur, wenn im Gerichtsbeschluss zum Unterhalt oder in einer privaten Unterhaltsvereinbarung die automatische Anpassung an die gesetzlichen Regelbeträge vorgesehen ist. Das ist mittlerweile üblich, der Unterhalt wird dann als Prozentsatz des Regelbetrages (letzte Tabellenspalte S. 105) angegeben. In diesen Fällen müsste der Unterhaltspflichtige ohne besondere Aufforderung schon für Juli den neuen Betrag überweisen.

Was ist, wenn der Unterhaltspflichtige die Tabellensätze nicht zahlt?

Dann müsste notfalls eine Abänderungsklage beim Familiengericht eingereicht werden. Ebenso, wenn in älteren Unterhaltsurteilen nur ein Betrag festgeschrieben ist, keine Anpassungsklausel. Auch wenn es gar kein Urteil zum Unterhalt gibt, sondern lediglich eine private Vereinbarung, bei der man sich jetzt nicht auf neue Sätze einigen kann, bleibt nur die Klage. Das Gericht hat die Möglichkeit alle privaten Vereinbarungen durch Urteile zu ersetzen.

Was ist, wenn man kein Geld für eine Klage hat?

Dann gibt es Hilfe vom Staat. Das ist in den Bundesländern unterschiedlich geregelt. Infos dazu gibt es auf der Geschäftsstelle des nächsten Amtsgerichts. Dort bekommt man Beratungsscheine für Anwälte, wenn es keine öffentlichen Beratungsstellen gibt. Prozess- und Anwaltskosten schießt der Staat vor – eventuell aber nur als Darlehen (einkommensabhängig).

Wer bekommt das Kindergeld?

Das Kindergeld wird üblicherweise an den Elternteil ausgezahlt, bei dem das Kind lebt. Dann aber darf die Hälfte des Kindergeldes von den jeweils genannten Unterhaltsbeträgen abgezogen werden. Folglich verringern sich die in der »Düsseldorfer Tabelle« genannten Beträge im Normalfall um die Hälfte des Kindergelds.

Im konkreten Einzelfall aber darf seit dem 1.1.2001 das hälftige Kindergeld nur noch vom zu überweisenden Unterhaltsbetrag abgezogen werden, wenn der Unterhaltszahler wenigstens einen Unterhalt in Höhe von 135 Prozent des Regelsatzes zahlt (siehe entsprechende Tabellenangaben auf S. 105). Wer weniger als diesen Betrag zahlt, darf die Überweisung nicht mehr um das hälftige Kindergeld kürzen (Neuregelung § 1612b Abs. 5 BGB).

Wann darf man Unterhalt kürzen?

Normalerweise nur, wenn das Kind selbst Vermögen hat, z. B. aus einer Erbschaft. Außerdem bei Kindern, die eine Berufsausbildung machen und im Haushalt eines Elternteils wohnen.

Dann darf das Kind von seiner Ausbildungsvergütung 77 Euro behalten (juristisch: »ausbildungsbedingter Mehrbedarf«). Der Rest wird voll auf den Unterhaltsanspruch angerechnet. Zahlungen dürfen also entsprechend gekürzt werden. Per Gerichtsurteil festgelegter Unterhalt darf (z. B. wegen Jobverlust, Berufsunfähigkeit) nur bei erfolgreicher Abänderungsklage gekürzt werden.

Was ist bei Arbeitslosigkeit?

Wer Arbeitslosengeld bezieht, bleibt trotzdem unterhaltspflichtig. Er kann aber eventuell seine Zahlungen durch Abänderungsklage reduzieren lassen. Wer Arbeitslosenhilfe bekommt, ist nicht mehr unterhaltspflichtig, denn Arbeitslosenhilfe gilt als Sozialleistung. Man geht davon aus, dass Arbeitslosenhilfe nur in dem Maß gewährt wird, wie es dem Bedarf des Empfängers entspricht – sie deckt also gerade den Selbsterhalt und reicht nicht aus, andere zu unterstützen.

Ein Unterhaltsverpflichteter muss unter Umständen auch sein Vermögen angreifen.

Wann gilt die »Düsseldorfer Tabelle« nicht?

Für Unterhaltspflichten von Besserverdienern sind gerichtliche Einzelfallentscheidungen ausschlaggebend. Außerdem gilt die »Düsseldorfer Tabelle« nicht für den Unterhalt volljähriger Kinder, die sich in einer Ausbildungssituation befinden und nicht mehr zu Hause wohnen, sondern einen eigenen Haushalt führen. Unter Umständen hat das Kind dann einen Anspruch auf Leistungen nach dem Bundesausbildungsförderungsgesetz (BAföG). Soweit das Kind BAföG-Leistungen erhält, geht der Unterhaltsanspruch des Kindes auf die BAföG-Stelle über.

Wie viel muss dem Unterhaltszahler mindestens selbst bleiben?

Das regelt für jede Einkommensgruppe der Kontrollbetrag (siehe Tabelle S. 105), der auch schon Miete und Heiz- sowie Nebenkosten abdeckt. Gegenüber volljährigen Kindern beträgt der angemessene Eigenbedarf mindestens 920 Euro. Wird er wegen hoher Unterhaltspflichten (mehrere Kinder, Ehegattenunterhalt) unterschritten, ist der Tabellenbetrag der nächst niedrigeren Gruppe anzuwenden. Dieses Verfahren wird solange fortgesetzt, bis der Bedarfskontrollbetrag nicht mehr unterschritten wird. Alternativ dazu kommt ein Zwischenbetrag in Frage.

Rechtslage bei Unterhaltsstreitfällen

Betreuung des Kindes genügt als Unterhalt

Geht ein volljähriges Kind noch zur Schule, und wohnt es weiter bei der geschiedenen Mutter, muss sie sich nicht am Unterhalt beteiligen. Denn sie erbringt ihre Unterhaltsverpflichtung weiterhin dadurch, dass sie sich um den Hausstand kümmert und den jungen Erwachsenen betreut. Das kann auch nach der Schule so weitergehen, wenn das Kind ein Studium aufnimmt: Verfügt die Mutter über kein nennenswertes Einkommen, muss der Vater für den vollen Bedarf aufkommen (OLG Karlsruhe, 18 UF 117/89).

Hohe Anforderungen an unterhaltspflichtige Elternteile

Arbeitslose, die gegenüber minderjährigen Kindern unterhaltspflichtig sind, müssen jede zumutbare Arbeit annehmen. An ihre Bemühungen um eine Beschäftigung werden hohe Anforderungen gestellt – auch in Zeiten vermehrter Erwerbslosigkeit. Die Meldung beim Arbeitsamt genügt nicht. Der Unterhaltspflichtige muss außerdem Stellenanzeigen auswerten, sich aktiv bewerben, Aushilfsjobs annehmen. Findet er am Wohnort keine Arbeit, kann vom ihm sogar ein Umzug verlangt werden (OLG Köln, 14 WF 11/97 – 02/97).

Auch geringes Einkommen kann angerechnet werden

Dass ein nicht sorgeberechtigter Elternteil kein nennenswertes eigenes Einkommen erhält, spricht nicht dagegen, ihn zur Unterhaltszahlung zu verpflichten. So kann eine wiederverheiratete Mutter an ihr Kind aus erster Ehe Unterhalt zahlen müssen, obwohl sie lediglich Kindergeld bezieht. Schließlich ist ihr eigenes Auskommen durch die neue Ehe sichergestellt. Von dem Geld, das ihr in der Ehe persönlich zusteht – und nicht in das gemeinsame Vermögen der Ehegatten gehört –, muss sie dem unterhaltsberechtigten Kind etwas abgeben (OLG Nürnberg, 11 UF 3161/93).

Die Mutter arbeitet – der Vater muss weniger zahlen

Egal, ob sie arbeiten gehen muss oder nicht: Sobald die Mutter ein eigenes Einkommen erzielt, werden sechs Siebtel davon auf den Unterhaltsbedarf angerechnet. Unter Umständen bedeutet das für den Kindsvater, dass er weniger Unterhalt zahlen muss. Dagegen kann sich die Mutter jedoch wehren. Es muss nachgewiesen werden, dass die Versorgung und Betreuung der Kinder ohne den Zusatzverdienst kaum möglich wäre. Dann ist ihr Einkommen nicht anzurechnen (OLG Hamm, 12 UF 349/93).

Kindergartenbeitrag rechtfertigt Forderung nach mehr Unterhalt

Für Kinder ist nach einer Trennung immer Unterhalt zu leisten. Diese Leistungen können aufgestockt werden, wenn besondere Umstände zu berücksichtigen sind. Schickt der sorgeberechtigte Elternteil den Sprössling z. B. in einen Kindergarten, muss der Unterhaltspflichtige zumindest teilweise mitzahlen (OLG Stuttgart, 15 WF 264/98 – 06/98).

Wenig Verdienst – dann muss man einen Nebenjob annehmen

Gegenüber minderjährigen Kindern besteht grundsätzlich eine verschärfte Unterhaltspflicht. Das bedeutet, dass der Unterhaltspflichtige alle Anstrengungen unternehmen muss, um die Mindestzahlungen für das Kind und seinen Eigenbedarf zu gewährleisten. Daran ändert sich auch dann nichts, wenn der Betreffende arbeitslos ist und an einer Ausbildungsmaßnahme des Arbeitsamtes teilnimmt. In diesen Fällen ist ihm zuzumuten, nebenbei Gelegenheits- und Aushilfsjobs auch an Wochenenden zu übernehmen (OLG Köln, 4 UF 153/97 – C1/98).

Fakten zur Scheidung

Pro Jahr zerbrechen rund 200.000 Ehen.

Trotz der einklagbaren Unterhaltsverpflichtung bleibt jeder sechste Vater die monatliche Überweisung schuldig.

Nach zwei Jahren pflegt nur noch ein Drittel der geschiedenen Väter regelmäßigen Kontakt zu ihren Kindern.

Jobsuche ist Pflicht – alles Weitere entscheidet das Gericht

Ob der geschiedene Ehegatte sich um einen Job kümmern muss, wenn er sich um gemeinsame Kinder kümmert, hängt von vielen Umständen ab. Allgemein kann die Frage weder mit Ja noch mit Nein beantwortet werden. Ist das Kind jedoch jünger als zehn Jahre, oder geht es noch in die Grundschule, braucht es meist so viel Pflege, dass der betreuende Exgatte nicht arbeiten gehen kann. Sieht das der Unterhaltspflichtige anders, muss er entsprechende Beweise bringen (OLG Hamm, 4 UF 418/92).

Auch Hausmänner müssen zahlen

Geschiedene Männer sind nicht von der Unterhaltspflicht für die Exfrau und die gemeinsamen Kinder befreit, wenn sie ihren Arbeitsplatz aufgeben und in der neuen Ehe den Part des Hausmannes übernehmen. Sie müssen trotzdem weiter zahlen (BGH, XII ZR 2/95 – 03/96).

Bei der Berechnung des Unterhalts zählt nur tatsächliches Einkommen
Bei der Berechnung des Trennungs- beziehungsweise Kindesunterhalts kommt es vor allem auf das Einkommen des Unterhaltspflichtigen an. Dabei ist maßgebend, wie hoch die Einkünfte tatsächlich sind. Die mögliche Chance, mehr Geld zu verdienen, darf die gegnerische Partei dagegen nicht zugrunde legen (BGH, XII ZR 70/95 – 03/97).

Umzugspflicht, um genug Geld überweisen zu können?
Wer nach einer Scheidung Frau und Kinder zu unterhalten hat, muss fast alles unternehmen, um keine Einkommensverluste zu erleiden. Lebt der Unterhaltsschuldner in Gegenden mit hoher Arbeitslosigkeit, kann ihm unter Umständen sogar zugemutet werden, in strukturstärkere Regionen umzuziehen. Das kann von ihm jedoch nicht mehr verlangt werden, wenn er inzwischen mit einem neuen erwerbstätigen Ehepartner und einem weiteren, gemeinsamen Kind zusammenlebt (OLG Hamm, 8 UF 296/97 – 11/97).

Das Gesetz hat Unterhaltsverpflichtete »gut im Griff«.

Einkommen aus nicht zumutbarer Arbeit wird nicht angerechnet
Wer Unterhalt zahlen muss und ein sechsjähriges Kind zu versorgen hat, braucht nicht ganztags zu arbeiten. Was über die entsprechende Halbtagsvergütung hinausgeht, wird deshalb nicht auf das unterhaltspflichtige Einkommen angerechnet. Denn so viel Arbeit ist nicht zumutbar (OLG Koblenz, 11 UF 1192/88).

Freiwillige Vereinbarung über Unterhaltshöhe bleibt bindend
Vorsicht, wenn im Zuge einer Scheidung freiwillige Zugeständ-

nisse in einer privaten Unterhaltsvereinbarung festgeschrieben werden! Solche Absprachen sind nämlich grundsätzlich bindend. Sie können auch hinterher kaum noch geändert werden. Im aktuellen Fall hatte sich der Mann verpflichtet, die Zahlungen an Exfrau und Kinder selbst dann in der einmal festgesetzten Höhe zu leisten, wenn er in Zukunft arbeitslos werden oder weniger verdienen sollte. Daran muss er sich nun auch halten. Die wirtschaftliche Verschlechterung muss ausschließlich im Falle einer Pfändung berücksichtigt werden (OLG Karlsruhe, 2 UF 170/96 – 09/97).

So schnell ist das Kind nicht aus dem Haus

Auch wenn volljährige Kinder endlich eine Lehrstelle gefunden haben, dauert die Unterhaltspflicht der Eltern an. Deshalb kann der Auszubildende auch Unterstützung bei außergewöhnlichen Kosten verlangen: Können beispielsweise Prozess- oder Anwaltskosten nicht aus dem normalen Unterhalt und aus der Ausbildungsvergütung in vollem Umfang bezahlt werden, müssen die Eltern dafür zusätzlich zahlen (OLG Nürnberg, 11 WF 3848/95 – 01/96).

Schneller Start in die Ausbildung – sonst entfällt der Unterhalt

Kinder haben während ihrer Ausbildung Anspruch auf Unterhalt von den Eltern. Sobald sie volljährig sind, trifft sie jedoch die Pflicht ihre Ausbildung schnell durchzuziehen, um die Eltern nicht unnötig zu belasten (Gegenseitigkeitsverhältnis). Im Klartext: Bummeleien müssen die Eltern nicht finanzieren (BGH, XII ZR 173/96 – 03/98).

Vermögende Kinder müssen sich an Ausbildungskosten beteiligen

Während der Erstausbildung haben volljährige Kinder Anspruch auf Unterhalt von ihren Eltern. Dabei müssen sie allerdings auch eigenes Vermögen einsetzen. Es werden ihnen aber 4.090 Euro als Rücklage gelassen (BGH, XII ZR 20/96 – 07/98).

Volljährig: Arbeiten ist Pflicht

Dass ein volljähriges Kind noch Unterhalt verlangen kann, sollte die Ausnahme bleiben. Normalerweise müssen Erwachsene ihren Lebensunterhalt selbst bestreiten. Das gilt auch dann, wenn das volljährige Kind bereits selbst ein Kind hat: Wer sich nicht um einen Job kümmert, verliert den Unterhaltsanspruch gegen die Eltern (OLG Hamm, 12 UF 430/89).

Keinen Unterhalt für auswärtiges Studium

Viele Eltern sind bereit, für Wohnung und Lebenshaltung ihrer erwachsenen Kinder zu Hause zu sorgen (Naturalunterhalt), können aber aus finanziellen Gründen keine Zahlungen für ein Studium in einer anderen Stadt aufbringen. Wird dem Kind entgegen seines eigenen Wunsches dann doch nur ein auswärtiger Studienplatz zugewiesen, müssen Eltern die Mehrkosten nicht allein tragen. Das Kind hat Anspruch auf Ausbildungsförderung (BAföG) vom Staat (BGH, XII ZR 45/95 – 03/96).

Eltern müssen grundsätzlich keine zweite Ausbildung bezahlen

Wer nach dem Abschluss seiner Erstausbildung zunächst mindestens ein Jahr lang arbeitet, dann eine Schule besucht, um ein Studium aufzunehmen, hat keinen Anspruch mehr auf finanzielle Unterstützung aus dem elterlichen Haus. Eltern müssen die Zweitausbildung ihrer Kinder grundsätzlich nicht finanzieren (OLG Koblenz, 11 UF 166/94 – 01/96).

Eltern müssen keinen Zuschlag zum Führerschein zahlen

Über den normalen Kindesunterhalt hinaus kann der Berechtigte unter Umständen auf Sonderbedarf verweisen und einen Zuschlag verlangen. Voraussetzung ist eine unvorhergesehene, unregelmäßige und ungewöhnliche Belastung, z. B. im Zusammenhang mit einer Ausbildung. Führerscheinkosten für einen Volljährigen gehören jedoch nicht dazu. Sie sind bereits mit den normalen Unterhaltszahlungen abgegolten (AG Arnstadt, 5 F 65/97 – 07/97).

Unterhaltspflichtige Kinder müssen sogar das eigene Haus verkaufen

Nach dem Gesetz sind Verwandte in gerader Linie (Eheleute, Eltern, Kinder) verpflichtet, für den Unterhalt Not leidender Familienangehöriger zu sorgen. Kinder müssen sich dann eventuell sogar von eigenem Immobilienbesitz trennen, um die Mittel zur Unterstützung ihrer Eltern flüssig zu machen (LG Ansbach, 1 S 780/94 – 01/97).

Zur Abdeckung des Unterhalts

Um ein minderjähriges Kind zu versorgen, muss mobilisiert werden:

Einkommen: Dazu zählen alle Einkünfte, die dem Kind zufließen – Kapitaleinkünfte, Stipendien etc.

Vermögen: Einkünfte aus Vermögen, z. B. Zinseinkünfte.

Einsatz der Arbeitskraft: Nicht mehr schulpflichtige und noch nicht in der Ausbildung befindliche Kinder.

Kind vom Liebhaber: Frau darf es ihrem Mann verschweigen

Nach einer Scheidung trifft den wirtschaftlich stärkeren Expartner gewöhnlich die Pflicht, für den Unterhalt des anderen und der gemeinsamen Kinder zu sorgen. Diesem Unterhaltsanspruch kann man kaum entkommen. Ein Rückzahlungsbegehren des Mannes gegen die Frau ist fast immer vergeblich (außer der Unterhaltsempfänger verschweigt eigenes Einkommen). Selbst dann, wenn Jahre später herauskommt, dass eines der Kinder gar nicht vom Exmann stammte, sondern Ergebnis eines Seitensprunges war, muss die Frau nichts zurückzahlen. Im vorliegenden Fall wurde der geschiedene Mann wegen der Rückzahlung seiner bisherigen Unterstützung an den tatsächlichen Vater des Kindes verwiesen. Die Frau habe, nach Ansicht der Richter, nicht absichtlich zum Nachteil des Mannes gehandelt. Einzig im Interesse des Kindes – so das Gericht – habe sie die Wahrheit auch über den Zeitpunkt der Scheidung hinaus verschwiegen (OLG Düsseldorf, 13 W 32/96 – 02/97).

Vater eines unehelichen Kindes hat der Mutter Unterhalt zu zahlen

Eine in Trennung lebende Frau hat einen Unterhaltsanspruch gegen ihren Ehemann, wenn sie nicht arbeiten gehen kann, z. B. weil sie gemeinsame Kinder zu versorgen hat. Kommt in der Trennungszeit aber ein uneheliches Kind hinzu, muss sich auch dessen Vater am Unterhalt beteiligen. Die Umstände des Einzelfalls (Verdienst der Väter, Alter und Betreuungsbedürfnis der Kinder usw.) entscheiden über die Höhe der jeweiligen Unterhalts-Anteile (BGH, XII ZR 85/96 – 01/98).

Pflegegeld wird bei Unterhaltsprozess hälftig aufgeteilt

Wer ein Pflegekind aufgenommen hat, kann Pflegegeld vom Jugendamt beantragen. Der Zuschuss wird normalerweise in einen Grundbetrag und einen Erziehungsbetrag aufgeteilt. Die jeweilige Verteilung darf im Rahmen eines Unterhaltsverfahrens jedoch nicht übernommen werden. Hier wird – nach Abzug des Mietanteils – eine Hälfte zu den Unterhaltskosten, die andere zur Erziehungsleistung zugeordnet (OLG Hamm, 3 UF 66/96 – 09/96).

Unterhaltszahler (Ost) darf nach Verlust von Job (West) umziehen

Zur Erfüllung seiner Unterhaltspflicht darf der Schuldner nicht ohne zwingende Gründe eine Senkung seiner Einkünfte bewirken, z. B. von Voll- auf Teilzeit wechseln, einen schlechter bezahlten Job annehmen. Familienrichter sagen, er trägt eine Erwerbsobliegenheit. Wer aber aus den neuen Bundesländern kommt und seine gut bezahlte Stelle im Westen verliert, darf zurück in seinen Heimatort, um dort einen anderen Job anzunehmen. Zu den Voraussetzungen gehört, dass die neue Stelle dem beruflichen Werdegang entspricht und die Bezahlung angemessen ist. Die Anrechnung höherer Einkünfte, die im Westen eventuell möglich wären, fällt weg (OLG Brandenburg, 9 UF 194/96 – 03/97).

Unterhaltskürzung als Strafe, wenn Besuche verhindert werden
Unterbindet die Mutter/der Vater den Kontakt des Expartners zu seinen Kindern, obwohl ein Besuchsrecht vereinbart worden war, kann sie/er im Gegenzug den vollen Unterhaltsanspruch verlieren. Hier hatten die Richter den Unterhalt um mehr als 256 Euro gekürzt (OLG München, 12 UF 1174/97 – 04/98).

Unterhaltskürzung bei Verstoß gegen Umgangsregelung
Verletzt der unterhaltspflichtige Elternteil die bei der Scheidung getroffene Umgangsregelung für das Kind, so kann der andere ihm den Unterhalt angemessen kürzen, zum Beispiel statt freiwilliger Vereinbarung den lt. »Düsseldorfer Tabelle« vorgesehenen Mindestunterhalt. Aber: Wenn der Umgang in Ordnung ist, muss er voll zahlen (OLG Nürnberg, 11 UF 2641/93 – 02/94).

Eltern ohne Trauschein

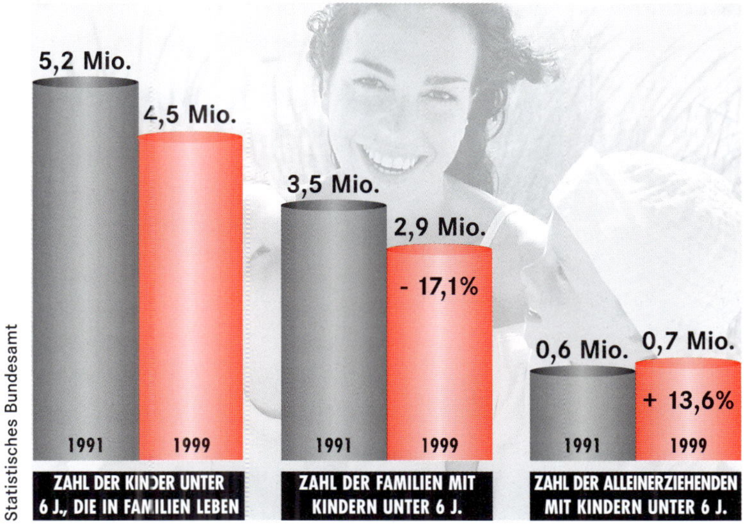

Zu den Alleinerziehenden zählen auch Eltern, die in nichtehelichen Lebensgemeinschaften leben.

Die Zahl der verheirateten Paare mit kleinen Kindern nimmt immer weiter ab. Die Ehe der Eltern als lebenslanger Garant für Geborgenheit ist endgültig überholt. Das zeigen die steigenden Zahlen der Alleinerziehenden.

VATER STAAT HAT VIEL ZU GEBEN

Kindergeld und Kinderfreibetrag

Ausbildungsbeihilfen

Steuervorteile beim Vermögensaufbau

Seite 124–139

„Mag das Geld auch den Charakter des bloß Nützlichen haben, so hat es dennoch eine gewisse Ähnlichkeit mit dem Glück, weil es auch den Charakter des Allumfassenden besitzt, da ja dem Gelde alles untertan ist.“

THOMAS VON AQUIN

Kindergeld und Kinderfreibetrag

Der Staat unterstützt Familien mit Kindern durch Kindergeldzahlungen und verschiedene steuerliche Vergünstigungen. Oft fließen diese Mittel in den normalen Familienhaushalt. Doch sinnvoll wäre es, zumindest einen Teil für die Sicherung der Ausbildung zurückzulegen. Denn wenn die Kinder noch klein sind, weiß keiner, wie teuer die Ausbildung sein wird.

Bis zum 18. Lebensjahr des Kindes erhalten die Eltern von der zuständigen Kindergeldkasse des Arbeitsamtes Kindergeld bezahlt. Nach Ablauf eines Kalenderjahres prüft dann das Finanzamt bei der Einkommensteuerveranlagung, ob die Freibeträge für Kinder nach § 32 Abs. 6 EStG (Kinder- und Betreuungsfreibetrag) vom Einkommen abzuziehen sind, weil dies für den Steuerpflichtigen letzten Endes günstiger ist. Das vorher bereits erhaltene Kindergeld wird dann dem Einkommen wieder hinzugerechnet. In jedem Fall werden die Freibeträge jedoch bei der Berechnung des Solidaritätszuschlages und der Kirchensteuer berücksichtigt.

Der Kinderfreibetrag beträgt pro Kind monatlich 297 Euro und jährlich 3.564 Euro, bei ledigen bzw. nicht zusammen veranlagten Eltern jeweils die Hälfte. Der Kinderfreibetrag stellt im Gegensatz zum Kindergeld keine Zahlung dar, sondern senkt bei Besserverdienern nur das zu versteuernde Einkommen, wodurch sich eine Steuererstattung ergeben kann. Für jeden Monat, in dem die gesetzlichen Voraussetzungen zur Inanspruchnahme des Kinderfreibetrages oder des Kindergeldes nicht vorliegen, werden die Beträge um ein Zwölftel gekürzt.

Grenzen beim Verdienst in der Ausbildung

Bei minderjährigen Kindern wird das Kindergeld unabhängig von ihrem Einkommen gezahlt, volljährige Kinder dürfen ab 2001 nur ein Einkommen bis 7.188 Euro erzielen, sonst entfallen die steuerlichen Vergünstigungen für die Eltern. Ausnahme: Es werden ganz oder teilweise Kapitaleinkünfte erzielt!

Nach einem aktuellen BGH-Urteil (Az: VI R 85/99 und VI R 121/98) dürfen volljährige Kinder erstmals ab 2001 Kapitaleinkünfte bis zu 8.825 Euro jährlich beziehen, ohne dass der Kindergeldanspruch der Eltern gefährdet ist. Bei einer Verzinsung von 5 % entspricht das einem Kapitalvermögen von 170.000 Euro. Grund ist, dass der Sparerfreibetrag in Höhe von 1.601 Euro (inkl. Werbungskostenpauschbetrag) nicht mehr bei der Berechnung des Kindereinkommens für die Errechnung des Kindergeldanspruches der Eltern als eigenes Einkommen zählt. Das Gleiche gilt für den Versorgungsfreibetrag nach § 19 Abs. 2 EStG für Waisenbezüge als Versorgungsbezüge der Kinder. Diese zählen bis 3.072 Euro nicht als Einkünfte bei der Berechnung des Kindergeldanspruches.

Kindergeld vom Staat – deckt es wirklich die Kosten?
Statistiker haben ermittelt, dass Jugendliche ihre Eltern bis zum 18. Lebensjahr rund 80.000 Euro kosten. Diese Summe ist dreimal so hoch wie das Kindergeld. Und dabei handelt es sich bei den Kosten um einen Durchschnittswert, der je nach gesellschaftlicher und sozialer Familienstellung nach oben oder unten abweichen kann. Nicht berücksichtigt sind die Kosten für die Ausbildung – und gerade die ist teuer.
Deshalb sollten Eltern von Anfang an Vorsorge treffen und nach Möglichkeit mit dem nicht zum Lebensunterhalt benötigten Teil des Kindergeldes die Ausbildung finanzieren. Nicht immer geht der Sprössling nach der Schulzeit in die Lehre und verdient schon im ersten Lehrjahr 500 Euro und mehr. Nach neuesten Berechnungen des Deutschen Studentenwerkes benötigt z. B. ein Student monatlich durchschnittlich 575 Euro, und das über einen Zeitraum von fünf bis acht Jahren! Das reißt ein tiefes Loch in die Haushaltskasse der Eltern. Diejenigen aber, die ab der Geburt ihres Kindes das Kindergeld in einen Prämiensparvertrag, Aktien- oder Rentenfonds eingezahlt haben, können die Ausbildung ihrer Kinder ohne Einschränkungen ganz locker bezahlen.

Rechenbeispiel: So kann mit Kindergeld das Studium finanziert werden

Legt man das Kindergeld (derzeit 138 Euro) von Anfang an beiseite und gibt es nicht aus, werden aus 138 Euro monatlich in einem Prämiensparvertrag nach 18 Jahren 47.806 Euro. Die eigene Einzahlung beträgt nur 29.808 Euro, Zinsen und Prämien steigern den Betrag um 17.998 Euro. Wenn der Betrag von 47.806 Euro in einen Auszahlungsplan eingezahlt wird, wie ihn beispielsweise viele Sparkassen und Banken anbieten, können bei Kapitalverzehr sechs Jahre lang monatlich 767 Euro ausgezahlt werden. Hier wird eine Verzinsung von 5 % angenommen. Und wenn das Kind nicht studiert, sondern vielleicht ein Handwerk erlernt und dabei auch in der Lehre schon genug für seinen Lebensunterhalt verdient, kann das gesamte Kindergeld gespart und davon das erste Auto und sogar die Wohnungseinrichtung bezahlt werden.

Immer mehr Bildung

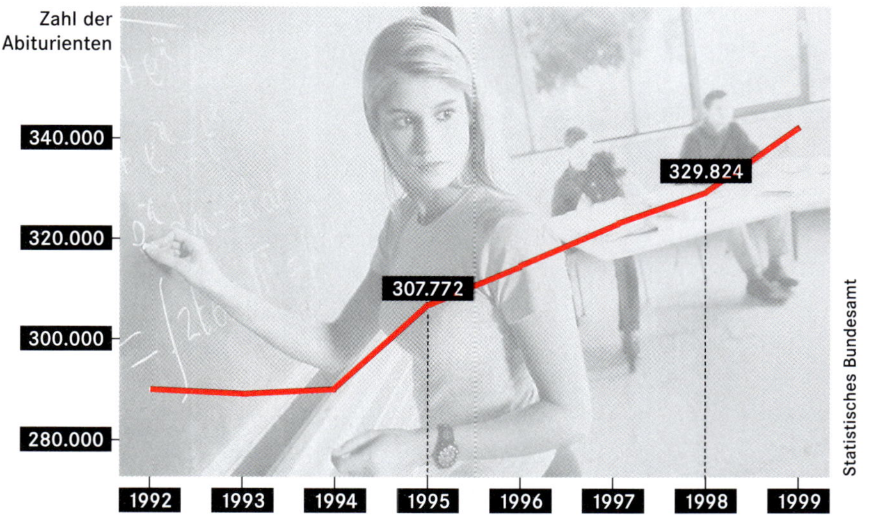

Eltern versuchen meistens, ihren Kindern eine Basis zu verschaffen, von der aus sie einen optimalen Start ins Leben haben. Gymnasium, Abitur und Studium gehören heute schon fast selbstverständlich dazu.

Weitere Entlastung durch den Betreuungsfreibetrag

Diesen zusätzlichen Freibetrag erhalten Eltern nach § 32 Abs. 6 EStG für jedes Kind, das das 16. Lebensjahr noch nicht vollendet hat oder behindert ist, in Höhe von 774 Euro für ledige und 1.548 Euro jährlich für verheiratete, zusammen veranlagte Eltern. Für behinderte, vollstationär untergebrachte Kinder wird altersunabhängig ein Betreuungsfreibetrag von jährlich 276/552 Euro berücksichtigt. Für behinderte Kinder, die nicht vollstationär untergebracht sind, erhalten die Eltern altersunabhängig einen Betreuungsfreibetrag von 774/1.548 Euro.
Dieser Betreuungsfreibetrag ist wie der Kinderfreibetrag ein steuerlicher Tariffreibetrag. Er wirkt sich nur dann aus, sofern das erhaltene Kindergeld nicht günstiger ist. Nur auf Antrag wird der Freibetrag für Kinder in der Ausbildung gewährt.
Für die Berufsausbildung eines jeden Kindes, für das der Steuerpflichtige Kindergeld oder Freibeträge für Kinder erhält, gibt es auf Antrag nach § 33 a Abs. 2 EStG noch einen Ausbildungsfreibetrag.
Dieser Freibetrag wird nicht auf das Kindergeld angerechnet.
Die Ausbildungsfreibeträge werden in folgender Höhe gewährt:

- 924 Euro jährlich für ein Kind, welches das 18. Lebensjahr noch nicht vollendet hat und bereits im eigenen Haushalt lebt.
- 1.236 Euro jährlich für ein volljähriges Kind, das im elterlichen Haushalt lebt
- 2.148 Euro jährlich für ein volljähriges Kind, das im eigenen Haushalt lebt.

Für jeden Monat, in dem die Voraussetzungen für die Höhe des Ausbildungsfreibetrages entfallen, ist eine Kürzung um ein Zwölftel vorzunehmen.
Der Ausbildungsfreibetrag der Eltern vermindert sich um die eigenen Einkünfte und Bezüge des Kindes im Ausbildungszeitraum, soweit diese zur Bestreitung des Lebensunterhaltes dienen und jährlich 1.848 Euro übersteigen.

Fördergeld für Schüler- und Studenten

BAföG ist die Abkürzung für »Bundesausbildungsförderungsgesetz«. Die staatliche Hilfe besteht bei Studenten aus Zuschuss und Darlehen, bei Schülern nur aus Zuschüssen, die nicht zurückgezahlt werden müssen. Das BAföG soll Schülern und Studenten eine angemessene Ausbildung ermöglichen, wenn die eigenen oder die finanziellen Mittel der Eltern hierzu unzureichend sind.

Die BAföG-Höhe hängt vom Einkommen der Eltern und der Anzahl der Geschwister ab. Wohnt das Kind schon in der eigenen Wohnung, erhöht sich das BAföG, der Höchstsatz liegt ab 2001 bei monatlich 565 Euro. Alles Wichtige zum Thema BAföG können Sie in der kostenlosen BAföG-Broschüre nachlesen. Sie enthält den Gesetzestext und Berechnungsbeispiele.

Bestellung beim:

Bundesministerium für Bildung, Wissenschaft, Forschung und Technologie
Referat Öffentlichkeitsarbeit
53170 Bonn
Telefon: 02 28/57-0
Telefax: 02 28/57 20 94

Fachkundigen Rat sowie die BAföG-Anträge erhalten Sie auch beim Amt für Ausbildungsförderung bei Ihrer Gemeinde- oder Stadtverwaltung.

Ausbildungsbeihilfen

Kinder, deren Eltern ein niedriges Einkommen haben, erhalten Beihilfen nach dem Arbeitsförderungsgesetz. Diese staatliche Hilfe wird zum Beispiel auch gewährt, wenn das Kind für seinen Wunschberuf nur einen Ausbildungsplatz in einer anderen Stadt mit einer niedrigeren Vergütung findet. Tipps dazu erhalten Sie beim zuständigen Arbeitsamt.

Auszubildende, Schüler oder Studenten, die nicht mehr bei den Eltern wohnen und von ihnen auch nicht finanziell unterstützt werden können, erhalten unter Umständen Wohngeld. Informationen dazu gibt es bei der Wohngeldstelle der Gemeinde- oder Stadtverwaltung.

Vermögenswirksame Leistungen

Auszubildende sollten frühzeitig die Vorteile des staatlichen Vermögensbildungsgesetzes nutzen. Wenn vom Einkommen ein fester Betrag gespart wird, zahlt der Staat unter Umständen noch etwas dazu. Der Arbeitgeber übernimmt diese vermögenswirksamen Leistungen ganz oder teilweise. Sechs Jahre wird in staatlich geförderte Anlageformen gespart. Am Endes des siebten Jahres zahlt das Finanzamt die Arbeitnehmersparzulage als Prämie auf die Einzahlungen, sofern die Einkommensgrenzen eingehalten werden. Die erste Arbeitnehmer-Sparzulage beträgt 20 % für vermögenswirksame Leistungen von höchstens 408 Euro im Kalenderjahr.

Für Arbeitnehmer in den neuen Bundesländern erhöht sich der Zulagensatz auf 25 %.

Die zweite Arbeitnehmer-Sparzulage beträgt 10 % für vermögenswirksame Leistungen von höchstens 480 Euro.

Kaum zu glauben, aber vom Finanzamt gibt es Bares bei der richtigen Geldanlage.

Der Anlagenkatalog der Vermögensbeteiligungen ist für Lohnzeiträume nach dem 31.12.1999 um Anteilsscheine an Investmentfondsanteil-Sondervermögen (Dachfonds) und gemischten Wertpapier- und Grundstücks-Sondervermögen nach § 2 Abs. 1 Nr. 1 VermBG erweitert worden. Voraussetzung für die Gewährung der Arbeitnehmer-Sparzulage ist, dass mindestens 60 % des Fondsvermögens in Aktien und stillen Beteiligungen angelegt ist. Eine Anlage in Altersvorsorge-Sondervermögen (AS-Fonds) ist nicht zulagenbegünstigt.

Beide Arbeitnehmerzulagen können parallel beansprucht werden. Voraussetzung für die Höchstförderung ist aber, dass zwei Anlageverträge abgeschlossen werden, einmal für Wohnungsbauzwecke und zum anderen für die genannten Vermögensbeteiligungen. Beide Verträge müssen vom Arbeitgeber angelegt werden, eigene Sparleistungen des Arbeitnehmers werden staatlich nicht gefördert (Abschnitt 14 a Abs. 4 und 5 VermBG).

Steuervorteile beim Vermögensaufbau

Der Staat braucht Geld, daher ist er bei allen Kapitalanlagen von Steuerpflichtigen stiller Teilhaber – egal, ob es sich um Sparbuchzinsen, Aktiendividenden, Lebensversicherungsauszahlungen oder andere Kapitalanlagen handelt. Denn auch Einkünfte aus der Anlage von Kapitalvermögen unterliegen der Steuerpflicht, auch Dividenden von Aktionären oder Gesellschaftern einer Kapitalgesellschaft. Ebenso wie bei Lohn und Gehalt dürfen aber auch da Ausgaben im Zusammenhang mit dieser Einkunftsart von den Einnahmen abgezogen werden, die Differenz kann ein Gewinn oder Verlust aus Kapitalvermögen sein. Die positiven oder negativen Einkünfte erhöhen oder vermindern dann die übrigen persönlichen Einkünfte. Es gibt auch Ausgaben im Zusammenhang mit Kapitalvermögen, die nicht sofort als Werbungskosten nach § 9 EStG abgezogen werden dürfen. Es handelt sich dann um Anschaffungskosten für Wertpapiere, die nur bei der Ermittlung eines Spekulationsgewinnes oder -verlustes berücksichtigt werden.

Wem werden die Kapitaleinkünfte zugerechnet?

Die Einkünfte aus Kapitalvermögen werden demjenigen zugerechnet, auf dessen Namen die Anlage lautet und der die wirtschaftliche Verfügungsberechtigung hat. Wenn Eltern für ihre minderjährigen Kinder Kapitalvermögen anlegen und verwalten, gilt Folgendes:

Das Depot muss auf den Namen des Kindes lauten, die Namen der Eltern stehen nur als Vermögensverwalter davor, z. B.: Frau Müller für Marc Müller. Das Vermögen des Kindes muss streng von dem elterlichen Vermögen getrennt behandelt werden, ansonsten werden Kapitalvermögen und -einkünfte den Eltern zugerechnet.

Einkünfte aus Kapital- und Immobilienvermögen

Ist das gesamte zu versteuernde Einkommen eines Kalenderjahres nicht höher als die nachfolgend genannten Grundfreibeträge, tritt keine Steuerpflicht ein. Wenn Sie der Bank dann eine Nichtveranlagungsbescheinigung (NV-Bescheinigung) des Kindes vorlegen, entfällt bei Kapitaleinkünften der Abzug der Kapitalertragsteuer bzw. Zinsabschlagsteuer plus Solidaritätszuschlag.

Unabhängig von diesen Freibeträgen werden Kapitaleinkünfte aber schon an der Quelle besteuert, sofern sie jährlich über 1.601/ 3.202 Euro (Ledige/Verheiratete) liegen.

Grundfreibeträge und Steuersätze für Ledige im privaten Bereich

Jahr	*Grundfreibetrag*	*Eingangssteuersatz*	*Spitzensteuersatz*
2001 + 2002	7.235 €	19,9 %	48,5 % ab 55.008 €
2003 + 2004	7.426 €	17 %	47 % ab 52.293 €
2005	7.664 €	15 %	43 % ab 52.152 €

Einkünfte aus Kapitalvermögen werden erst nach Abzug der Werbungskostenpauschale in Höhe von jährlich 51 Euro pro Person steuerpflichtig. Danach kann nach § 20 Abs. 4 EStG der Sparerfreibetrag von 1.550 Euro gekürzt werden. Durch den Abzug des Sparerfreibetrages darf sich kein Verlust aus Vermietung und Verpachtung ergeben. Für Verheiratete verdoppeln sich die Beträge.

Vermerken Sie in Ihrem Freistellungsauftrag ausdrücklich, mit welchen Teilbeträgen Ihre Aktiendividenden und Zinsen auf das Freistellungsvolumen bei Ihren verschiedenen Konten angerechnet werden sollen. Es sollte zunächst eine Verrechnung mit den Dividenden erfolgen. Wenn Sie bei verschiedenen Banken Aktiendepots und Guthabenkonten unterhalten, sollten Sie zunächst das höchste Aktiendepot freistellen lassen und exakt angeben, bis zu welchem Betrag Dividenden und Zinsen freigestellt werden sollen.

Die Zinsabschlagsteuer

Zur Sicherstellung der Versteuerung der Kapitalerträge werden Einnahmen aus Kapitalvermögen sofort an der Quelle besteuert. Diese von der Bank einbehaltene und an das Finanzamt abzuführende Steuer heißt Kapitalertragsteuer (§§ 43 und 45 d EStG). Eine Untergruppe der Kapitalertragsteuer ist die Zinsabschlagsteuer, die zurzeit 30 % beträgt. Auch diese Steuer wird von der Bank sofort einbehalten und abgeführt.

Wenn die gesamten Einnahmen aus Kapitalvermögen über den Freibeträgen von jährlich 1.601 Euro bzw. 3.202 Euro liegen, wird ein Zins- oder Kapitalertragsteuerabschlag auf die Erträge von 20 bis 35 % vorgenommen.

Hier entfällt der Abzug der Zinsabschlagsteuer:

- Kapitalerträge bei ausländischen Kreditinstituten (auch nicht bei ausländischen Filialen inländischer Banken) und
- Sparern, die ihren Wohnsitz im Ausland haben, gleichgültig, ob sie Deutsche sind oder nicht.
- Zinsen aus Privatdarlehen,
- Veräußerungserträge,
- Zinsen von ausländischen Kapitalschuldnern,
- Zinsen von Girokonten bei einer Verzinsung bis 1 %,
- Bausparzinsen, wenn es sich um einen Sparvertrag mit vermögenswirksamen Leistungen handelt,
- geringfügige Zinserträge bis 10 Euro jährlich.

Zinsabzug verhindern durch den Freistellungsauftrag

Sie können den Zinsabschlag verhindern durch Erteilung eines Freistellungsauftrages (Formulare hat die Bank) bis zu 1.601 Euro (Ledige) bzw. 3.202 Euro (Verheiratete). Beziehen Sie

Zinseinnahmen von mehreren Kreditinstituten, so können Sie die Freistellungsaufträge auf die entsprechenden Banken aufteilen. Übersteigen Ihre Zinseinnahmen die genannten Freistellungsgrenzen, so wird Ihnen zunächst das jeweilige Freistellungsvolumen angerechnet und nur von dem evtl. noch verbleibenden Betrag die Zinsabschlagsteuer einbehalten.
Wichtig für Sie ist es zu wissen, dass es Freistellungsaufträge auch für minderjährige Kinder gibt. Auch Kinder müssen nämlich ihre Zinserträge freistellen lassen. Es ist für jedes minderjährige Kind ein gesonderter Freistellungsauftrag auszufüllen und von den Eltern zu unterschreiben, bei mehreren Kreditinstituten ist auch hier das Freistellungsvolumen von 1.601 Euro pro Kind aufzuteilen.

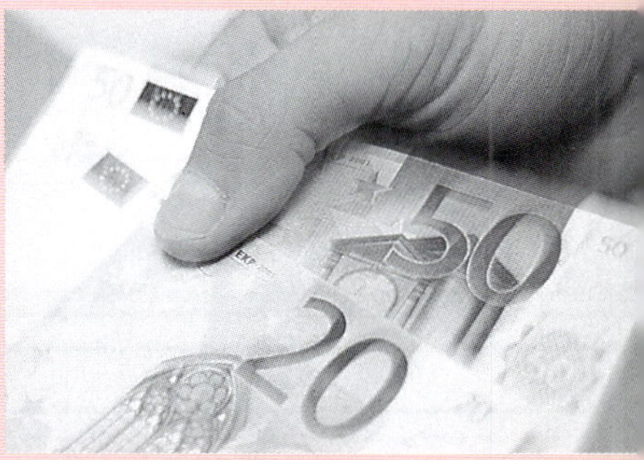

Die Erträge ohne Abzüge gibt es nur mit Freistellungsaufträgen.

Kapitaleinkünfte der Kinder sind nicht in die Einkommensteuererklärung (Anlage KAP) der Eltern einzutragen, da Kindern eigene Freibeträge zustehen. Möchten Kinder (egal welchen Alters) die Erstattung einbehaltener Steuern beantragen, so sind eigene Steuererklärungen abzugeben, die bei minderjährigen Kindern von den Eltern zu unterschreiben sind. Evtl. kann auch eine Nichtveranlagungsbescheinigung beantragt werden (s. dort), dann werden von den Banken keine Steuern einbehalten.
Freistellungsaufträge können befristet oder unbefristet erteilt werden, sie können auch jederzeit widerrufen oder geändert werden, z. B. wenn sich der Familienstand ändert.
Eltern können die Freibeträge Ihrer Kinder nutzen, indem Sie Ihnen einen Teil Ihres Kapitalvermögens übertragen. Beachten müssen sie jedoch, dass sie für Kinder ab dem 18. Lebensjahr nur noch die Freibeträge für Kinder/Kindergeld erhalten, wenn

die Einkünfte für 2001 und 2002 jeweils 7.188 Euro jährlich nicht überschreiten (2003 und 2004 jeweils 7.426 Euro und 2005 7.664 Euro). Ist das der Fall, entfallen auch weitere Kindervergünstigungen, z. B. die Eigenheimzulage. Haben volljährige Kinder jedoch nur Kapitaleinkünfte, wird der Sparerfreibetrag nicht mehr als Einkommen angerechnet, so dass hier Einkünfte bis zu einer Höhe von 8.825 Euro nicht zum Verlust des Kindergeldes / der Freibeträge für Kinder führen.
Bei minderjährigen Kindern ist das Einkommen wegen des Kindergeldanspruches der Eltern unerheblich. Hier kann allenfalls eine Steuerpflicht bei den Kindern eintreten, die Eltern bekommen trotzdem Kindergeld oder die Freibeträge für Kinder.

Geld vom Chef?

1. Arbeitnehmer-Sparzulage (20 %) in:
Sparverträge über Wertpapiere oder andere Vermögensbeteiligungen, Wertpapierkaufverträge, Beteiligungsverträge, Beteiligungskaufverträge

2. Arbeitnehmer-Sparzulage (10 %) in:
Bausparen nach dem Wohnungsbau-Prämiengesetz für Bau, Erwerb, Ausbau und Erweiterung oder Entschuldung eines Wohngebäudes

Steuerfrei mit der Nichtveranlagungsbescheinigung

Es kann vorkommen, dass die gesamten Einkünften unter dem Grundfreibetrag liegen und somit nicht steuerpflichtig sind, obwohl es hohe Kapitaleinkünfte mit Zinsabschlagsteuerabzug gibt. Das ist häufig der Fall bei Kindern, die ausschließlich Zinseinkünfte über dem Sparerfreibetrag erhalten, deren Einkünfte insgesamt jedoch steuerfrei bleiben.
Damit die Kinder künftig die Zinsen ohne Steuerabzug erhalten, müssen sie (bei minderjährigen Kindern die Eltern) eine Nichtveranlagungsbescheinigung beim Finanzamt beantragen. Diese ist dann dem jeweiligen Kreditinstitut vorzulegen, das dann auf den Abzug der Steuern verzichten darf.
Beantragen müssen Sie diesen Vordruck NV 1 A bei dem für Sie zuständigen Wohnsitzfinanzamt. Hier tragen Sie neben den persönlichen Daten das Einkommen des Kindes ein. Wenn das

Finanzamt das Kind als nicht steuerpflichtig eingestuft hat, wird ihm die Nichtveranlagungsbescheinigung (§ 44 a EStG) für drei Jahre ausgestellt und muss anschließend wieder neu beantragt werden.

Wenn die gesamten Einkünfte der Kinder in 2001 und 2002 unter dem Grundfreibetrag von jährlich 7.235 Euro liegen, und die Kapitaleinkünfte die gültigen Sparerfreibeträge plus Werbungskosten-Pauschbetrag überschreiten, sollten Sie für die Kinder die Nichtveranlagungsbescheinigung beantragen und diese nach Erhalt Ihrer(n) Bank(en) vorlegen. Dann entfällt der Steuerabzug und die Abgabe einer Einkommensteuererklärung!

Kinder haben grundsätzlich Anspruch auf eine NV-Bescheinigung, wenn die Kapitaleinnahmen in 2001 und 2002 jeweils den Betrag von 8.825 Euro nicht überschreiten.

Mit Werbungskosten weniger Steuern zahlen

Wenn Kinder wegen der Vermögensübertragung hohe Kapitaleinkünfte über den steuerlichen Grundfreibeträgen zuzüglich des Sparerfreibetrages erhalten, tritt die Steuerpflicht ein. Bestimmte Ausgaben können von den steuerpflichtigen Zinseinnahmen abgezogen werden und reduzieren somit die Steuerlast unter Umständen erheblich.

Diese so genannten Werbungskosten aus Kapitalvermögen sind nach § 9 EStG alle Ausgaben, die zur Erwerbung, Sicherung und Erhaltung Ihrer Einnahmen aus Kapitalvermögen entstanden sind. Sie werden im Jahr der Belastung geltend gemacht. Die Beträge sind durch aussagekräftige Belege oder Aufzeichnungen nachzuweisen, sonst werden sie vom Finanzamt nicht anerkannt.

Werbungskosten aus Kapitalvermögen sind z. B.:

- Depotgebühren,
- Gebühren für die Erträgnisaufstellung,
- Fachzeitschriften oder Fachbücher zur Erzielung von Kapitaleinkünften,

- Schuldzinsen für das durch Kredit finanzierte Kapitalvermögen,
- Bausparabschlussgebühren,
- Steuerberatungskosten oder sonstige Beratungskosten in Zusammenhang mit Kapitaleinkünften,
- Fahrtkosten zu Aktionärshauptversammlungen oder Banken mit den tatsächlich entstandenen Kosten oder den Kilometerpauschalen für Dienstreisen,
- Übernachtungs- und Verpflegungsaufwendungen (angemessene) für Reisen in Zusammenhang mit Kapitaleinkünften,
- Kontoführungsgebühren (nicht fürs private Girokonto),
- Beiträge zu Wertpapierschutzverbänden,
- Software für die Wertpapierverwaltung,
- Kosten für Safemiete, sofern Wertpapiere aufbewahrt werden,
- Safeversicherungen,
- anteilige Telefon- und Faxkosten mit Bank und Vermögensverwalter,
- Portokosten,
- Büromaterial,
- Vermögensverwaltung, soweit Vermögen verwaltet wird, welches nicht nur spekulativ ist, sondern Erträge abwirft.

Sollten bei Ihnen solche Werbungskosten nicht angefallen sein, berücksichtigt das Finanzamt automatisch einen Werbungskosten-Pauschbetrag von jährlich 51 Euro für Alleinstehende und 102 Euro für Verheiratete.

Steuertricks für Eltern mit Kindern

Eltern, die ihren Kindern frühzeitig Vermögen und somit die daraus resultierenden Erträge übertragen, können durch die Ausnutzung der Freibeträge sogar doppelt sparen. Die Vermögensübertragung bleibt alle zehn Jahre bis zu einem Freibetrag von 205.000 Euro pro Elternteil schenkungsteuerfrei. Somit entfällt für dieses Vermögen die spätere Erbschaftsteuer. Es

gibt hier viele Möglichkeiten, um künftige Erträge noch den Eltern zufließen zu lassen, obwohl das Vermögen bürgerlichrechtlich schon den Kindern gehört. Solche Nießbrauchregelungen können mit jedem Steuerberater besprochen werden.
Für Eltern mit hohem Steuersatz lohnt sich aber auch die Verlagerung der Erträge auf die Kinder, selbst wenn diese dann steuerpflichtig würden. Die Ersparnis liegt hier in den unterschiedlichen Steuersätzen.
Beispiel: Familie Schmitz hat nach dem Tod der Eltern von Frau Schmitz eine erkleckliche Summe Geld geerbt. Herr und Frau Schmitz haben sich beraten lassen und nach reiflicher Überlegung beschlossen, dieses Geld in Wertpapiere anzulegen. Nun übertragen sie das Wertpapiervermögen in Höhe von 178.952 Euro auf ihre Tochter Sabine. Familie Schmitz müsste für die daraus resultierenden Erträge von 10.737 Euro je nach Jahr und aktuellem Steuertarif bis zu 5.208 Euro Einkommensteuer zahlen, da noch andere Zinserträge aus verschiedenen, schon vor vielen Jahren angelegten und inzwischen recht hohen Sparguthaben vorhanden sind. Sabine aber muss von den Zinserträgen nur 376 Euro Einkommensteuer zahlen.

Ertragreicher als unter der Matratze sind Geldscheine auf der Bank angelegt.

Bei der Verlagerung der Einkünfte auf die Kinder sind jedoch auch die außersteuerlichen Nachteile zu beachten. Volljährige Kinder müssen sich zum Beispiel ab einem Monatseinkommen von mehr als 322 Euro selbst bei der Krankenkasse versichern. Viele Eltern können vielleicht auch gar nicht überblicken, ob sie das übertragene Vermögen und die Erträge eines Tages doch noch brauchen, und es dann aber schon von den Kindern ausgegeben wurde.

Schlusswort

Kinder erlernen den Umgang mit Geld in erster Linie in der Familie. Sie werden »ökonomisch sozialisiert«, indem sie mitbekommen, wie der Haushalt wirtschaftlich organisiert ist. Dabei lernen sie die praktische Handhabung von Zahlungsmitteln, die Planung und Verwendung von Geld, Konsumverhalten und das Phänomen Sparen.
Eltern können ihren Kindern also durch das eigene Verhalten und durch Gespräche die richtigen Werte vermitteln.

Der richtige Rat zum richtigen Zeitpunkt

Dabei sollten sie sich jedoch vor Augen halten, dass Kinder bis etwa sechs Jahren noch kein richtiges Verständnis für die Beziehung zwischen Ware und Geld haben. Das Bezahlen ist für sie eine Art Ritual: »Der nette Mann im Geschäft gibt mir das Fahrrad, und Papa legt ein paar bedruckte Blätter auf den Tisch, die er gerade aus einer Maschine genommen hat.« Oder noch besser: Um das Fahrrad zu erhalten, unterschreibt der Vater einfach nur. Erst ab sechs Jahren verstehen sie, dass man Geld besitzen muss, dass Geld also ein Eigentum ist, wie der Teddy oder das Spielzeugauto, um etwas kaufen zu können. Mit zehn Jahren begreifen Kinder dann, dass Arbeit dazugehört, um Geld zu haben, und mit 15 Jahren wissen Jugendliche um die Bedeutung materieller Werte, was beispielsweise das Ansehen betrifft.
Kinder brauchen also ihre ganze Kindheit hindurch eine richtungsweisende Hand und Unterstützung, was den Umgang mit Geld angeht.
Der Maßstab, wie diese Unterstützung aussieht, darf jedoch nicht die eigene Kindheit sein. Kinder werden heute in körperlicher und geistiger Hinsicht viel früher erwachsen und daher auch viel früher selbstständig. Dennoch vertrauen sie erfahrungsgemäß den Eltern, was wirtschaftliche Fragen angeht. Sie nehmen gerne Ratschläge an.

Was Geld wirklich bedeutet

Das Elternhaus ist jedoch nicht das einzige Vorbild. Kinder definieren sich frühzeitig über Markenartikel und Freizeitverhalten. In unserer Gesellschaft wird ihnen vorgelebt, dass Konsumgüter, also letztlich Geld, Freiheit, Lebensgenuss und Erfolg versprechen. Geld hat eine große symbolische Bedeutung. Dementsprechend groß sind die Wünsche nach diesen glücklich machenden Besitztümern und die Befriedigung – und das möglichst rasch. Auf diese Weise steigt das Ansehen bei den Freunden der so genannten peer-group. Um ein ausgewogenes Verhältnis zwischen Wunsch und Realität erlernen zu können, muss die Kategorie Verzicht und Bedürfnisaufschub als Erziehungsziel unbedingt angestrebt werden. Nach dem Prinzip, »Geld allein macht nicht glücklich«, erfahren richtig angeleitete Kinder, dass sie zufrieden und erfolgreich sein können, auch wenn sie das neueste Telespiel nicht sofort oder sogar überhaupt nicht haben. Sie haben gelernt, dass Besitz nichts mit ihrer Persönlichkeit zu tun hat, dass sie wertvoll sind, über Wissen verfügen und erfolgreich sind, egal, ob sie eine Markenhose tragen oder nicht.

Liebe macht glücklich

Das soll aber nicht heißen, dass es keinen Spaß macht, sich etwas zu leisten und damit den Alltag ein wenig zu versüßen. Wenn dann auch die zwischenmenschliche Ebene stimmt, das Kind also genügend Zuwendung und Aufmerksamkeit bekommt, ist alles bestens. Dann wird es auch nicht in die »Schuldenfalle« tappen, sondern – mit Ausnahmen natürlich – planvoll mit seinem Taschengeld umgehen können.
Die großen Fragen »Wie viel Taschengeld ist richtig?« oder »Wie viel soll ich für mein Kind sparen?«, lassen sich selbstverständlich mit Tabellen beantworten und sind auch für die Lebensplanung notwendig. Aber noch wichtiger ist es, dass Sie, als Eltern, mit Ihren Kindern zusammen schöne Jahre erleben mit vielen gemeinsamen Unternehmungen und Erlebnissen.

Die Autoren

Gisela Haupt (geb. 10/61) ist Deutschlands meistgedruckte Autorin von verbrauchernahen Steuer- und Wirtschaftsratgebern. Sie arbeitet regelmäßig für verschiedene große Illustrierte und hat bisher über zehn Bücher veröffentlicht. Ihre umfangreichen praktischen Erfahrungen hat die Diplom-Betriebswirtin während ihrer zehnjährigen leitenden Tätigkeit in einer großen Steuerkanzlei gesammelt. Die gebürtige Kölnerin ist verheiratet, hat zwei Kinder (1987, 1989) und lebt mit ihrer Familie in Hamburg.

Matthias Müller-Michaelis ist Wirtschaftsjournalist und Autor einer Vielzahl von erfolgreichen Sachbüchern und Verbraucherratgebern mit den Themenschwerpunkten Geld, Recht und Versicherungen.

Bildnachweis

Gettyone Stone, München: 5 (Alexander Walter), 8 (Howard Grey), 19 (Peter Correz), 57 (Mike Timo), 60 (Roy Botterell), 72 (Jerome Tisne), 100 (Leland Bobbe), 111 (Don Smetzer), 124 (Luc Hautecoeur); Ifa, München: 114 (Birgit Koch); Image Bank, München: 12 (Yellow Dog Prods), 30, 128 (David de Lossy), 55 (Ross Whitaker); Lechner Sabine, München: Titel; Mauritius, Mittenwald: 24 (SST), 34 (Cash), 36, 79, 93 (age), 46 (McCarthy), 62 (Rosing), 66 (Ley), 76 (Matthias), 86 (Leblond), 97 (Poehlmann), 106 (Hubatka), 118 (Mollenhauer), 123 (Stock Image), 131 (fm); Zefa, Düsseldorf: 26 (Masterfile), 80 (Möllenberg), 135 (Satchan), 139 (Diamond)

Hinweis

Das vorliegende Buch ist sorgfältig erarbeitet worden. Dennoch erfolgen alle Angaben ohne Gewähr. Weder Autor noch Verlag können für eventuelle Fehler oder Schäden, die aus den im Buch gegebenen praktischen Hinweisen resultieren, eine Haftung übernehmen. Alle Grafiken, Tabellen, Diagramme und Rechenbeispiele – soweit nicht anders angegeben – by Livingston Media, Hamburg.

Impressum

Der Südwest Verlag ist ein Unternehmen der Econ Ullstein List Verlag GmbH & Co. KG München.

Redaktion:	Michaela Breit
Bildredaktion:	Tanja Nerger
Umschlagkonzeption:	Lohmüller Werbeagentur
Umschlag:	Till Eiden
Konzept/Layout:	Michaela Breit/Wolfgang Luttmann
DTP/Satz:	MAC 2, München
Realisation:	Livingston Media, 20148 Hamburg
Produktion:	Manfred Metzger (Leitung), Annette Aatz

Printed in Slovenia

Gedruckt auf chlor- und säurearmem Papier

ISBN 3-517-06355-X